AMISTADES
que
SANAN

AMISTADES *que* SANAN

EL PODER DE LAS RELACIONES

OTONIEL FONT

WHITAKER HOUSE *Español*

Editado por: Ofelia Pérez

Amistades que sanan
El poder de las relaciones

ISBN: 978-1-64123-360-6
EBook ISBN: 978-1-64123-361-3
Impreso en los Estados Unidos de América.
© 2019 por Otoniel Font

Whitaker House
1030 Hunt Valley Circle
New Kensington, PA 15068
www.whitakerhouseespanol.com

1 2 3 4 5 6 7 8 9 10 11 ⬛ 26 25 24 23 22 21 20 19

DEDICATORIA

Hoy tengo muchos buenos amigos que han hecho una gran diferencia en mi vida. Su contribución a mi vida personal, familiar y ministerial es incalculable. Les dedico este libro a cuatro amigos, y los presento en el orden que los conocí.

Jonás González

Gracias por darme la oportunidad de formar parte de la familia de Enlace. Recuerdo el día que nos conocimos en Orlando, Florida, para desayunar en un restaurante. Yo era muy joven y comenzaba en el ministerio. Me diste una oportunidad que cambió nuestro destino. Gracias por tanto tiempo de apoyo y respaldo.

Robb Thompson

Nunca olvidaré las palabras de nuestro amigo en común, John Avanzini, cuando te llevó a Puerto Rico por primera vez, y me dijo que tú estarías para mí como él había estado para mi padre. Durante todos estos años, tus palabras de amor y de estímulo han sido una gran fuente de inspiración.

Cash Luna

Tu amistad nos brindó un segundo aire a mi familia y a mí. Cuando pensábamos que la carga era demasiada para continuar, tu amistad retó nuestra fe para seguir. Gracias por abrirme las puertas de tu hogar, de Casa de Dios y de Guatemala, mi casa. Nos has hecho sentir parte de tu familia y nunca olvidaré cada gesto de amor que has tenido con nosotros.

Jeff Carmichael

Gracias por arriesgarlo todo y creer en el llamado de Dios para nuestra familia. No hay palabras para describir lo agradecidos que estamos de Dios por haberte enviado a nuestras vidas. Le pido a Él que te multiplique a mil por uno cada semilla que has sembrado en nosotros, y algún día te muestre lo que ha significado tu locura de fe.

AGRADECIMIENTOS

Agradezco a Dios por tantas bendiciones que me ha dado durante mi vida: mi esposa, mis hijas, mi familia, los miembros de nuestra iglesia, mis amigos.

Este libro es diferente a los demás debido al proceso que hemos pasado para publicarlo. Quiero agradecer a Xavier Cornejo por insistir en que compartiera acerca de este tema. Gracias por siempre creer en mi esposa y en mí. Tus palabras y acciones han sido de gran inspiración.

Al mismo tiempo a Ofelia, la editora de este libro. Gracias por provocar en mí las habilidades que Dios me ha dado como escritor. Tu contribución en todo lo que hacemos es incalculable.

Amigo es aquel que hace un compromiso de por vida y con su vida para ayudarte a ser lo mejor que puedes llegar a ser, sin tener que recibir ningún crédito. Amigo es aquel a quien esperas en los buenos y no tan buenos momentos… aquel que sabe que tú lo estás esperando.

—Otoniel Font

ÍNDICE

PRÓLOGO: ¿PARA QUÉ SIRVEN LOS AMIGOS?

Algunos de los momentos más felices de mi vida los pasé en la colonia Vivibien, en la zona 5 de la ciudad de Guatemala. Transcurrieron en una época de sueños e incertidumbres, muchos años antes de conocer al Señor y, no digamos, de mi llamado como pastor.

Yo tenía más o menos diez años cuando Luis Felipe (al que cariñosamente llamamos "Negro"), Estuardo y yo andábamos en bicicleta... Bueno, mejor dicho, los tres montados en la bicicleta de Estuardo porque a esa edad ya nos encantaba la adrenalina. El Negro manejaba —porque era el más alto de los tres y el único que llegaba a los pedales—, Estuardo iba atrás, y yo, como era el más pequeño de tamaño, iba adelante, pegado como garrapata del timón. En esa bici andábamos a toda velocidad por el vecindario y nunca faltaron los tremendos golpes contra el pavimento que nos dejaron varios raspones. ¿Qué hacíamos entonces? Lo que haría en esa misma situación cualquier persona feliz: reírnos, levantarnos, montarnos de nuevo y repetir la osadía hasta que ya no nos quedaran fuerzas.

Al Negro y a Estuardo los conozco desde que yo ni siquiera sabía pronunciar mi nombre ("Cash-los", y por eso ahora todos me llaman Cash) y desde muy pequeños jugamos pelota, exploramos barrancos, volamos barrilete y hasta llegamos a tocar timbres para luego salir corriendo. Fueron tantos los momentos felices que pasé con ellos, que de repente se me olvidaba que yo era el hijo único de una madre soltera. Ellos, y todos los amigos que fueron apareciendo con los años, se convirtieron en los hermanos que nunca tuve. Dios los puso allí para sanar mi infancia y aun hoy, casi 50 años después, son amigos que aún conservo, muy a pesar de que uno de ellos no comparte mi fe.

Ahora, muchos años después, recordar estas anécdotas con tanta felicidad me ayuda a dimensionar la importancia de la amistad. Por ejemplo, me cuesta creer que una persona que se autodenomine "antisocial" pueda andar por la vida de forma autónoma y sin la necesidad de hacer amigos, si hasta Dios, todopoderoso y creador de los cielos y la tierra, tuvo amigos entre los humanos. La Biblia dice que Abraham fue su amigo, y no precisamente por su santidad o nivel de perfección, ya que el patriarca de Israel fue un hombre igual a todos nosotros: con defectos, debilidades y pecados. Sin embargo, una amistad, cuando es sincera y desinteresada, solo se dedica a amar al otro y ayudarlo a ser mejor, aun sabiendo que siempre será imperfecto.

Las relaciones interpersonales en lo cotidiano son mucho más importantes de lo que imaginamos. ¿Has pensado que nuestra amistad puede transformar la vida de alguien más?

Conocí al pastor Otoniel Font en 2008, en Puerto Rico, durante un evento que buscaba ayudar a personas en Cuba. Desde entonces cultivamos una amistad que se ha fortalecido a través del tiempo y que se ha extendido a nuestros seres queridos, ya que por lo menos una vez al año nos reunimos, mi familia y la suya, para convivir y compartir nuestras experiencias ministeriales y de liderazgo. ¡Hasta mis nietos juegan con sus hijas! Esto demuestra que para la amistad no importa la diferencia de edades.

Desde entonces, tanto en momentos de celebración como de dificultad, hemos tenido la bendición de contar el uno con el otro, pues si bien es cierto que he tenido el placer de estar a su disposición cuando él y su iglesia han pasado por dificultades imposibles de controlar con las fuerzas humanas, él también suele ser de los primeros en hacerme una llamada telefónica para reiterarme su amistad y mostrarme su apoyo y respaldo cuando mi ánimo está por los suelos.

El lector de estas páginas encontrará en *Amistades que sanan* testimonios que nos enseñan que la amistad transforma la vida de las personas como ha transformado la nuestra. Otoniel, mi amigo y autor de este libro, dice entre sus páginas: "A veces pedimos a Dios por un milagro y Él nos envía un amigo". Puedo dar testimonio de que muchas veces ese ha sido el caso de mi vida. Desde que tengo uso de razón, el Señor me ha enviado amigos en las situaciones más adversas: desde Luis Felipe y Estuardo en la infancia cuando mi hogar era totalmente disfuncional, hasta Otoniel cuando más apoyo moral he necesitado en mi vida adulta. Y sé que no me alcanzarían las páginas para enumerar la cantidad de amigos que han bendecido mi vida a lo largo de los años.

Este libro es una herramienta poderosa que te ayudará a valorar tus amistades y, sobre todo, a ser ese amigo capaz de cambiarle la vida a alguien.

—*Cash Luna*
Pastor, Casa de Dios
Guatemala

INTRODUCCIÓN

"La verdadera amistad es como la fosforescencia,
resplandece mejor cuando todo se ha oscurecido".
—Rabindranath Tagore

Una de mis más grandes pasiones es leer. Me gusta pasar tiempo en las librerías y mirar los diferentes títulos y autores. Me causa un gran placer el tomar un buen libro en mis manos y sumergirme en la lectura. Aunque compro muchos libros de formato digital, me agradan mucho más los libros físicos. Es una sensación diferente tenerlos en mis manos y hacer anotaciones en ellos.

Esto no siempre fue así. Como sucede a muchas personas, cuando era joven la lectura no era mi pasión. Prefería ver la televisión y escuchar la radio que pasar un tiempo leyendo. Todo cambió el día que quería comprar un par de zapatos deportivos muy costosos para aquella época. Acababan de salir las famosas Nike con el nombre del baloncelista Michael Jordan, y como todo joven, las deseaba. Busqué la manera de decírselo a mis padres, y mi padre me hizo una proposición que cambiaría mi vida para siempre.

Mi padre me dijo que me daría el dinero si hacía un negocio con él. Me ofreció que por cada libro que yo leyera, él me daría veinte dólares. La condición era que él me haría diez preguntas de cada libro y si respondía cada una de las preguntas correctamente, él sabría que me había leído el libro y me daría el dinero.

Acepté y le pedí que me dijera cuáles libros deseaba que leyera. Me hizo entrega del primer libro que leí, que no tenía que ver con la escuela. Recibí una copia del libro de Dale Carnegie, *Cómo ganar amigos e influir sobre las personas*.[1] Todavía al día de hoy recuerdo el primer

---

1. Vintage Español, edición traducida, revisada, 9 de marzo de 2010.

capítulo, cómo comienza y lo que dice. Me causó una gran impresión el poder obtener dinero por leer, pero lo más que me impactó fue lo que este libro enseñaba. Te recomiendo que lo leas y que aprendas esos principios básicos e importantes para tener excelentes relaciones interpersonales.

Aunque el libro causó una gran impresión en mi vida, no fue hasta hace unos años que entendí cuán importantes y valiosas son sus lecciones. En mi mente siempre estuvo presente lo que aprendí, pero no fue tan fácil aplicarlo en mi vida. A medida que lees mis experiencias, verás mi larga batalla para crear buenos amigos, incluso desde muy joven. Es la batalla que quisiera evitarte a ti, porque la amistad, con frecuencia, hace la diferencia para sobrevivir.

Jamás pensé que escribiría un libro sobre la amistad, y nunca imaginé que aquella primera lectura influenciara mi vida a tal grado de presentarte este libro hoy. Mientras escribo, tan solo ha transcurrido un año y medio del paso del peor huracán en la historia de mi isla, Puerto Rico. Miles de vidas fallecieron durante y luego del mismo, pero millones fuimos afectados por la devastación causada por este fenómeno, que fue monumental. En aquellos días, debía presentar y promocionar mi libro anterior, *El poder de una mente transformada*. Nunca pude hacer el lanzamiento como se había planificado, y tuvimos que cancelar todos los compromisos que estaban previstos.

Gracias a Dios, esto no impidió que el libro fuera una gran bendición para miles, y fue el primer libro que la casa editorial que nos publica decidió traducir al portugués. A pesar del éxito, perdí el ánimo de muchas cosas, especialmente de escribir un nuevo libro, de frente a la situación que era mi prioridad: continuar ofreciendo los servicios de la iglesia a nuestra congregación, y tomar decisiones sobre el templo y nuestro colegio, cuyas estructuras habían sido destruidas por el huracán.

La casa editorial me pidió que escribiera algo nuevo, pero no estaba en mi corazón hacerlo. Llamé a Xavier Cornejo, director de la División de Español de Whitaker House, le comenté que no deseaba escribir nada nuevo, y que no tenía ningún tema en específico. Le pedí que me dejara las puertas abiertas para que en una futura ocasión pudiera hacerlo. Muy amablemente me dijo que no había problema alguno. Él me había sugerido este tema en particular en el pasado por algo que observó de mí, pero eso te lo cuento en el próximo capítulo.

En medio de todas las complicaciones que teníamos en nuestra isla, iglesia y familia por causa del huracán, decidí celebrarle a mi esposa su cumpleaños número 45.

Preparé una fiesta sorpresa, y le pedí a una gran amiga de mi esposa que, por favor, enviara un pequeño video de felicitaciones para mostrárselo a Omayra. Ya casi estábamos terminando la fiesta, cuando ella y su esposo, un empresario ocupadísimo también amigo nuestro, llegaron por unos minutos a la celebración para felicitar a mi esposa personalmente.

Por deferencia, le entregué el micrófono a nuestro amigo para que se dirigiera a la concurrencia, y dijo unas palabras que me indujeron a escribir este libro. Él dijo algo así: "Reconozco el poder sanador de la amistad de la pastora Omayra Font"; y continuó con algunas hermosas palabras. Esa frase se quedó en mi mente: "el poder sanador de la amistad". Recordé lo que Xavier me había pedido que escribiera acerca de ese tema, y al salir de la actividad, le escribí. Era tarde, pero le conté lo que había pasado, y le dije: "De eso voy a escribir".

Esas palabras me hicieron reflexionar. Si estoy donde estoy hoy, es, primero, por la gracia de Dios, y luego por la calidad de amigos que Dios ha puesto en mi camino. En los días siguientes a ese momento revelador, me di cuenta de que mis amigos han sido una parte fundamental de lo que he podido alcanzar, y me han ayudado a cuidar mi corazón. Mis amigos han sido fuente de inspiración y refugio en medio de las peores crisis. Me han ayudado a ver lo mejor en mí y a ser lo mejor de mí.

Entendí que si soy bendecido es porque tengo muchos amigos. La verdad es que en mi vida no siempre fue así. No siempre tuve muchos, ni mucho menos buenos amigos, pero, gloria a Dios, todo ha cambiado.

La urgencia de escribir este libro surge del deseo de que otros experimenten la misma bendición que hoy tengo: muchos buenos amigos. En los próximos capítulos comparto contigo mi experiencia personal de crecimiento, que me ha llevado a la posición correcta para desarrollar, conservar y hacer nuevas y grandes amistades. Pretendo llevarte por ese proceso de transformación que te permita vivir la importancia de la verdadera amistad.

He tratado de crear cada capítulo para que puedas leerlo de forma independiente, pero te recomiendo que vayas leyendo poco a poco desde el principio. Encontrarás historias personales y conclusiones muy mías acerca del tema. Al mismo tiempo haré referencias a ciertos estudios y libros que me han influenciado para este proyecto, con el interés de que sepas fortalecer las relaciones de amistad que hoy tienes, y crear otras nuevas.

Tener y hacer amigos no requiere que poseas habilidades especiales, ni una personalidad en particular. Algunas personas tienen ciertas cualidades innatas que les facilitan este tipo de relaciones, pero aun aquellos que no las poseen pueden disfrutar de grandes amigos. Comento esto porque he escuchado a algunos que se han rendido en este proceso porque entienden que no tienen lo que es necesario para tener amigos.

El tener amigos no es algo que ocurre porque tengas un tipo de personalidad, sino porque aprendes a vivir en los principios que gobiernan este tipo de relaciones. A veces las personas más carismáticas son las personas más solas que conozco. Pueden atraer personas hacia ellos, pero por no seguir esos principios que se adquieren a través del conocimiento y de las experiencias, no son capaces de retener las amistades, ni mucho menos crecer con ellas.

Desarrollar la amistad es un asunto serio y enriquecedor; no es liviano ni de poca importancia, como tal vez te hicieron creer cuando eras niño. Te adelanto esto para que te entusiasmes leyendo, tanto como yo me inspiré escribiendo.

Si te sorprende que precisamente yo te hable sobre la amistad, en el Capítulo 1 te cuento mi historia, mis viejas creencias, cómo deseché mis pensamientos arcaicos, y te enterarás sobre los diferentes tipos de amigos.

En el Capítulo 2 te enfrento a los horrores de la soledad y a las bondades de escoger estar solo para edificarte…

porque no es lo mismo sentirte solo que retirarte a pensar y a reenfocarte.

En el Capítulo 3 comparto lo que aprendí sobre lo que es un amigo y cómo llegué a mi propia definición.

El Capítulo 4 te llevará a entender la amistad en todos sus propósitos.

Aprendamos en el Capítulo 5 a ser amigables siempre y con todo el mundo aunque seamos introvertidos.

La verdadera amistad no ocurre ni se desarrolla sola. Cómo la cultivamos, te lo muestro en el Capítulo 6.

Para hacer amistades, debemos comportarnos en cierta manera sin dejar de ser nosotros mismos. Te lo digo en el Capítulo 7.

No permitir que las decepciones te convenzan de no tener amigos, y cómo separarte de amigos tóxicos, te lo explico en el Capítulo 8.

Cualquier duda que te quede, la aclaramos en el Capítulo 9, con la ayuda del hombre más sabio que ha vivido jamás.

A partir de este instante, pierde el miedo a buscar y a hacer amigos. Dales importancia a tus buenos amigos. Conviértete en el mejor amigo que todos puedan tener.

1

DESCUBRÍ EL TESORO DE LA AMISTAD

"¡Qué raro y maravilloso es ese fugaz instante en el que nos damos cuenta de que hemos descubierto un amigo!"
—William Rotsler

A veces pedimos a Dios por un milagro y él nos envía a un amigo. Aunque quisiera decir que esta frase es mía, no es así. Esta frase me la dijo un joven líder de nuestra iglesia, Luis Ofarril, mientras en un viaje le compartía acerca del tema de este libro. Quedé impactado por la frase, porque ha sido mi experiencia en los pasados años. En los momentos más importantes, Dios me ha enviado amigos que me han ayudado a superar grandes dificultades ministeriales, pero sobre todas las cosas, han cuidado de mí, de mi familia y de que mi corazón no se dañe.

A veces pedimos a Dios por un milagro y él nos envía a un amigo.

Hace un tiempo atrás conocí a un joven puertorriqueño que es experto en redes sociales: le conocen como El Tuko Alberto. Le contraté para que brindara un adiestramiento a nuestros empleados acerca del manejo del Facebook y nuevas tendencias que había en el mercado. Sé que a él le pareció muy extraño que una iglesia lo llamara y lo contratara, porque a simple vista parece ser que vivimos en mundos muy diferentes. Recuerdo que el día que entró a la iglesia estaba un poco tímido, pero rápidamente nos conectamos y pudimos entablar una amistad.

Alberto me pidió que participara en unas entrevistas que él hace a través de las redes sociales para hablar de mi experiencia como pastor y en el área empresarial. Rápidamente acepté porque pensaba que era una tremenda oportunidad para llegar a un público al que quizá, de otra manera, no podría acceder. Me sentía muy cómodo con Alberto y sabía que la entrevista sería con mucho respeto y profesionalismo. Mientras más avanzaba la entrevista más cómodo me sentía, y veía la gran cantidad de personas que estaban conectándose y comentando. De repente, Alberto me hizo una pregunta inesperada, y respondí con mi corazón. Noté cómo para él, mi respuesta también fue inesperada.[2]

La pregunta fue: "Si pudieras volver el tiempo atrás y analizar tu crecimiento, ¿qué cambiarías, qué aprenderías para crecer y para que no tuvieras los obstáculos que has tenido?". "Si pudiera regresar a mis años de escuela secundaria, hay una sola cosa que haría diferente: tener amigos", le dije.

Coincidencia interesante

Esa pregunta me pareció una interesante coincidencia porque precisamente en aquellos días me había puesto a pensar en los errores que cometí en mi juventud y me

---

2. "Ser líder en el momento más difícil de tu carrera". Consulta en línea: https://www.youtube.com/watch?v=6x4UrPNa7sc&t=1878s

percaté de que no había hecho muchos amigos. Caí en cuenta de que no había nadie de mi tiempo de escuela superior, ni aun de la misma iglesia cuando era joven, a quien pudiera llamar para tomar un café o visitarle. En mi vida no había nadie de entonces con quien celebrar los éxitos de la vida y llorar en los momentos difíciles; nadie a quien comprar algo cuando celebrara su boda, ni mucho menos cuando nacieran sus hijos.

Para completar mi repentino momento de tristeza, incluso había entrado a una tienda y había escuchado la canción que fue escogida como el tema de nuestra graduación. ¿A que no sabes cómo se titula la canción? "La Amistad", escrita por Michael W. Smith.[3]

Creo en la amistad sincera,
Sin barreras ni color,
Creo en el calor humano,
Que se une en medio del dolor.

Nuestra amistad triunfante,
Va creciendo más y más,
Porque vive en nuestras vidas,
El perfecto amor que es Dios.

Somos fieles para siempre
Aunque la vida dura es,
La amistad nunca se pierde,

---

3. Consulta en línea: michaelwsmith.com.

Porque la une solo Él,
Si tenemos que partir,
Y alejados hoy estar,
La amistad perdurará,
Y crecerá.

Cada día más me aferro,
Al amor de mi Señor,
Ya no hay en mí derrota,
Puedo amar sin excepción,
Vivir la vida amando,
Trae la paz en el dolor,
Solo el amor de Cristo,
Une nuestras vidas hoy.

Por primera vez en mi vida me sentí solo. Sentí que había desperdiciado esa etapa de mi vida, y lo más triste es que no había mucho que pudiera hacer al respecto.

No me malinterpretes: soy un hombre afortunado y bendecido. Dios ha sido más que bueno conmigo. Mis padres, aunque no son perfectos, me brindaron mucho amor y nos dieron a mis hermanos y a mí lo mejor que pudieron. Dios me regaló una hermosa esposa, la cual ha procurado hacerme feliz y cuidar de mí todo el tiempo que ha estado conmigo. Dios y ella me han regalado cuatro preciosas hijas. Ellas son mis razones principales para levantarme cada día y seguir luchando.

Soy pastor de una iglesia hermosa que me ama y respalda el llamado de Dios para nuestra familia. Hoy puedo decir que tengo grandes amigos en el ministerio que han sido y son de inspiración. No tan solo eso; miles de personas en el mundo nos expresan su respaldo y su entusiasmo a diario, con sus mensajes a través de las redes sociales y otros medios.

Sin embargo, en aquellos días cuando El Tuko Alberto me hizo esa pregunta, me había dado cuenta de que esa parte de mí acerca de las relaciones de amistad, no estaba completa. Me había sentido como un gran rompecabezas donde cada pieza había sido posicionada en el lugar correcto, pero la sola pieza que me faltaba arruinaba todo el paisaje. Cuando armas un rompecabezas y te falta una pieza, sientes que perdiste el tiempo que invertiste en armarlo.

Me impresionaron sobremanera las reacciones de las personas a esa entrevista, porque me di cuenta de que no era el único que experimentaba el vacío de no tener amigos, y también de pensar que no los tenía. Cada vez me sentía más inclinado a resolver un tema de vida al que no le había dado la atención que merecía.

Murallas

Quizá te preguntarás por qué no logré formar más amigos durante mi juventud. He pensado en varias razones por las cuales eso no fue posible. Por ejemplo, estuve poco tiempo en una misma escuela. Los cambios de colegio quizá no me permitieron tener la experiencia de vivir varias etapas de mi vida junto a mis compañeros. Quizá fue mi carácter, el cual reconozco que era muy cerrado. Por alguna razón u otra sé que la manera en que me proyectaba ante los demás no era la apropiada, ni la más simpática. No sabía sonreír y siempre estaba con mi rostro serio, casi enfadado. Parecía estar molesto y a la defensiva. De alguna manera u otra levanté unas defensas personales para protegerme, y estas eventualmente me aislaron del mundo. Como dicen: las mismas murallas que te protegen también te separan.

Las mismas murallas que te protegen también te separan.

Mis padres eran muy conocidos en nuestra comunidad, y su estilo, aunque impactó mucho, también provocó grandes críticas y persecución. En algunas ocasiones fui el receptor de burlas y bromas pesadas. En esta etapa de mi madurez pienso que podemos tener excusas o razones que satisfagan nuestra razón, o inventarlas, y probablemente lo que te acabo de mencionar eran solo excusas que justificaban mi desinterés por los amigos. Más adelante leerás todas las creencias falsas que tenía; por favor, si las tienes, deséchalas. Llevé por mucho tiempo este patrón de vida, y aunque ya sabía la importancia de tener amigos, no me daba a la tarea de hacerlos. Hoy entiendo que era mi ignorancia y no comprender la importancia de la amistad lo que me llevó a tomar las decisiones que me aislaron de los demás.

Tomo un momento para pedir perdón a todos aquellos con los que tuve la oportunidad de tener algún contacto y no lo aproveché. Pido perdón por haber pasado por los salones de clases y los pasillos de la iglesia, y no haber tomado el tiempo de conocer a mis compañeros y mostrarme amigo. Sé que es imposible llegar a tener miles de amigos cercanos, el tiempo nos traiciona con esto, pero no es excusa para no ser amigable.

Desecha las creencias erróneas

Estas son las ideas erróneas que justificaban el que no intentara hacer amigos. Pueden sonar hasta bonitas, y resumir las experiencias de algunas personas, pero no deben ser una guía para dirigir nuestras vidas. Estas creencias nos limitan, y causan más dolor que bendición.

"La cima es un lugar solitario"

En nuestro caminar hacia el éxito o la cima, definitivamente perderemos ciertas amistades y personas que no seguirán con nosotros. No todos los que comienzan con uno desean continuar porque muchas cosas pueden cambiar en el camino. El problema de esta frase es que puede provocar que no cuidemos de las relaciones durante nuestro viaje o, peor aún, que manipulemos o utilicemos a las personas con diferentes objetivos, y que las veamos como desechables.

La verdadera razón para triunfar es compartir con otros tus bendiciones.

La realidad es que no puedes llegar a la cima si no tienes amigos. Tus mayores éxitos siempre serán alcanzados por las aportaciones que muchos harán en tu vida. ¡Qué felicidad tan grande es compartir los éxitos con aquellos que han disfrutado verte triunfar! Si de causalidad llegaste a la cima y no tienes a nadie a tu lado, procura subir a alguien. El pensar que el éxito o las grandes victorias nos alejan de las personas no te permite entender la verdadera razón para triunfar, que es compartir con otros tus bendiciones.

"Amigo es el ratón del queso, y se lo come"

La base de esta idea es que todo el que está a tu alrededor está buscando cómo aprovecharse de ti. Se refiere a que no hay sinceridad en las relaciones que tienes a tu alrededor porque lo que quieren es solo sacar provecho para sí. He tenido personas que definitivamente se me han acercado para maliciosamente sacar algún beneficio, pero son más los que genuinamente quieren verme triunfar.

La verdad es que hay personas que defraudan nuestra confianza porque se aprovechan de nuestra amistad para luego descartarnos, pero no todo el mundo es igual. Hay muchas personas que disfrutan vernos triunfar, y se convierten en nuestros mejores aliados.

"Nunca les des la espalda ni a tus amigos"

Pensamientos como este te hacen desconfiar constantemente de todos los que están a tu alrededor. Es muy triste vivir toda una vida desconfiando de todo el mundo, e impedirnos a nosotros mismos confiar en alguien porque las experiencias pasadas o las experiencias de otros dictan nuestra manera de ver las cosas. El vivir esperando que las personas te engañen o sean desleales puede enfermar tu corazón y eventualmente convertirte en aquel que hace daño a los demás. Si tengo que pensar todo el tiempo en cómo defenderme o cuidarme, puedo llegar a pensar que sería más fácil ponerme en la posición de ser aquel en quien nadie pueda confiar.

"Los mismos perros que riñen por un hueso, cuando no lo tienen, juegan juntos".
—Samuel Buttler

Es triste también vivir toda una vida pensando que no puedo disfrutar de grandes bendiciones con un amigo. La realidad es que los verdaderos amigos nos gozamos cuando el otro tiene su hueso. No hace falta la ausencia de bendiciones para que alguien pueda ser tu amigo. Si mi amistad con alguien es por la escasez de bendiciones, entonces realmente me he convertido en la persona más pobre del mundo. Los amigos saben disfrutar el ver a sus amigos con el hueso más grande en su boca sin tener que envidiarlos, sino todo lo contrario: aprenden a celebrarlos.

Hoy prefiero vivir por ideas o frases como esta:

"Los amigos son necesarios para el gozo y para el dolor".
—Samuel Paterson

Un milagro, un amigo

Yo he necesitado muchos milagros. La vida me ha dado muchas sorpresas buenas y otras no tan agradables. He podido ver cómo en los momentos cruciales han llegado personas especiales enviadas por el Creador para permitirme continuar hacia delante. Tengo muchos a quienes agradecerles porque se han mostrado amigos a través de los tiempos: personas como Robert, Nelson, Robb, Jonás, Jeff, Vladimir, Rudy, Carlos, Cash, Mickey Mulero, que me han brindado su amistad durante los pasados veinte años. Mi vida no sería igual si ellos no hubieran llegado.

Permíteme unos momentos para hablarte de uno en particular y cómo sus acciones cambiaron mi vida y la de mi familia. Esta persona siempre procuró acercarse a mí, pero siendo yo como era, buscaba la manera de evadirlo. La realidad es que estaba viviendo uno de los momentos más difíciles en mi vida personal y ministerial, y no sabía en quién confiar. Mis padres se habían divorciado y todo el peso del ministerio había caído sobre mis hombros. Realmente no sabía qué hacer con todas las situaciones que estaba enfrentando.

Para agravar la situación, mi esposa y yo deseábamos tener otro bebé, y por alguna razón mi esposa no podía quedar embarazada. Desde el principio de nuestro matrimonio mi esposa y yo deseábamos cinco hijos.

Anhelábamos tener una familia grande. Ya teníamos dos hermosas hijas. Decidimos esperar un tiempo para comenzar a buscar los próximos hijos, y cuando lo intentábamos, nada pasaba. Sufrimos el dolor de la espera por alrededor de diez años. Buscamos las mejores ayudas médicas, y nadie sabía darnos una respuesta de cuál era el problema.

Para hacer corta esta larga historia, un día recibí una llamada de esta persona para hacerme una invitación a predicar en su iglesia. Para hacerme el importante le dije que tenía que consultar con mi esposa porque era una fecha muy especial, ya que era nuestro aniversario. Él me dijo que él lo sabía, pero que lo pensara por si podía hacer los arreglos.

La realidad es que ese año mi esposa y yo habíamos decidido no hacer nada especial para nuestro aniversario de bodas porque no teníamos mucho dinero. Así que la invitación a salir unos días a conocer un nuevo lugar nos pareció muy apropiada. Unos días antes de la invitación que mi amigo me hiciera, los médicos nos habían dado una receta para comenzar un tratamiento para ver si podíamos volver a tener hijos. Decidimos entonces posponer el comienzo del tratamiento hasta que regresáramos de este viaje.

Al llegar al lugar donde fuimos invitados, mi amigo me comentó que Dios le había dicho que me regalara una luna de miel; que si quería predicar estaba bien, y si no quería, también. Me dijo que él sabía que si me invitaba para que pasara unos días con mi esposa como regalo de aniversario no lo aceptaría, así que me invitó a predicar para ver si yo aceptaba. Él sabía que habíamos estado viviendo momentos muy difíciles en nuestras vidas. El divorcio de mis padres había provocado muchas complicaciones ministeriales y personales. Sé que algunos le dijeron que no se acercara a nosotros, pero a pesar de todo esto, él decidió buscar ser mi amigo y hacer por mí algo que nadie había hecho en mucho tiempo. Prediqué y, por supuesto, acepté la luna de miel.

Cuando regresamos de este viaje, los regalos más grandes que nos llevamos de Guatemala fueron unos grandes amigos y un milagro en el vientre de mi esposa. Mi esposa quedó embarazada de mi tercera niña, Jenibelle. En broma decimos que si la miras bien, ella tiene una etiqueta que dice: "Hecha en Guatemala". Gracias, Cash y Sonia, por ser los amigos que Dios envió cuando más necesitábamos un milagro.

El milagro se encontraba en que alguien se interesara genuinamente por nosotros; alguien que realmente decidiera tener un gesto bonito sin quizás saber todo lo que esto haría y provocaría en nuestras vidas. Un gesto de un amigo logró hacer lo que toda la ciencia no había podido. El milagro de la vida en el vientre de mi esposa fue resultado de una acción amistosa.

Puede ser que en este momento tú estés necesitado de un milagro similar. Estoy seguro que Dios tiene reservado a un amigo para ayudarte. En los próximos capítulos aprenderás cómo identificar y alcanzar a estos amigos. Más aún, me gustaría que tú llegaras a convertirte algún día en el milagro de otra persona.

Los amigos de "foxhole" o trinchera

Hace un tiempo atrás descubrí este término para describir a un tipo especial de amigo: "amigo de foxhole" o de trinchera. Si fuéramos a traducirlo literalmente sería "madriguera de zorros", pero en realidad es un término usado en la milicia de los Estados Unidos. Antes de definirlo y explicarte lo que representa, me gustaría que leyeras la siguiente historia que me llevó a indagar este término.

Un hombre un día salió a caminar y a disfrutar de un hermoso paisaje cerca del lugar donde vivía. El día era perfecto y hermoso, pero mientras caminaba, sin darse cuenta, cayó en un hoyo. Este hoyo era profundo y oscuro. En el proceso de su caída se había lastimado y sentía un gran dolor. Los primeros pensamientos que llegaron a su mente le hacían cuestionar cómo podría salir de ese lugar tan profundo. Pasó un poco de tiempo y nadie se había dado cuenta de que él estaba en este lugar tan oscuro.

De repente, escuchó a alguien que se acercaba y por un momento sintió esperanza. Definitivamente había alguien cerca que se dio cuenta que alguien estaba en el hoyo. Esta persona le dijo: "Wow, ese hoyo es profundo, qué pena que hayas caído en él, pero sé que podrás salir". Sin decir más nada y sin hacer ni un gesto la persona se marchó.

El hombre que estaba en el hoyo se quedó sorprendido, y sin darse cuenta, el dolor que sentía por su caída ahora se convirtió en desesperanza. Pasó un poco más de tiempo y alguien más se acercó al hoyo. Esta persona le dijo: "Wow, estás en un gran hoyo. ¿Qué hiciste para caer ahí? ¿Qué te pasó? ¿No estabas atento? ¿Tienes algún tipo de problema? Definitivamente vas a tener que arreglártelas y salir de ese lugar". De repente se marchó y ahora el hoyo de desesperanza pasó a ser un hoyo de verguenza. Ahora no tan solo estaba en el hoyo, sino que se sentía avergonzado de haber caído en él.

De repente, todo cambió. Llegó alguien mientras menos lo esperaba, y esa persona saltó dentro del mismo hoyo. Por primera vez en mucho tiempo tenía esperanza. Esta persona que él no conocía le dijo: "Escuché cómo llorabas y vine a decirte que yo un día caí en este mismo hoyo, sé cómo salir y vengo a ayudarte. Juntos podemos salir de este lugar". Poco a poco, y con el apoyo de uno al otro, lograron salir de aquel hoyo.

Esta narración es una adaptación de una historia que escuché en una conferencia en *Ted Talks* titulada "Foxhole Friends" dictada por Chip Edens.[4] Aparte de que la historia me resultó interesante, nunca había escuchado este término para describir a un amigo. Hablemos por un momento de lo que significa esta historia, y cómo se relaciona con la manera en que he conocido a muchos de mis amigos.

¿Qué pasa cuando caes en el hoyo?

La historia que leíste hace un momento describe las tres emociones más comunes que experimentamos cuando entramos en algún problema. Primero es el dolor de la caída. Toda experiencia negativa en nuestras vidas causará algún tipo de dolor físico o emocional. Este dolor es inevitable, pero no tiene que ser permanente. Lo que

---

4. Foxhole friends | Chip Edens | TEDxCharlotte. Consulta en línea: https://www.youtube.com/watch?v=CQrkkl5SOak

hace permanente el dolor, muchas veces, son las reacciones de aquellos que están a nuestro alrededor.

La historia nos presenta tres reacciones básicas de los demás cuando estás ante una situación difícil.

Primero están aquellos que se acercan y se dan cuenta de que estamos en problemas, pero solo nos brindan una palabra de aparente motivación. Cuando estas personas se alejan, nuestro dolor se convierte en desesperanza. Nos quedamos asombrados por la indiferencia de ellos. Siempre es bueno recibir palabras de aliento, pero es maravilloso cuando alguien nos extiende la mano y nos ayuda. Un gesto genuino, al menos ver que alguien intenta hacer algo, llena de esperanza nuestro corazón.

La segunda reacción es la de aquellos que cuestionan por qué caímos en el hoyo. Son las personas que nos hacen sentir culpables y, peor aún, avergonzados por la situación que estamos viviendo. Usan frases como: "Algo hiciste para estar ahí, esto es juicio de Dios sobre tu vida, probablemente te merecías pasar por esa situación". Este tipo de pensamiento hace que cuestionemos nuestra integridad y nos lleva muchas veces a aceptar la situación en la que estamos. El sabor que dejan comentarios como estos nos hunden más en los problemas, y llenan nuestra alma de todo tipo de emociones negativas. Estas emociones no contribuyen de ninguna manera a nuestra situación, sino que la empeoran. Hay personas que son expertas en hacerte sentir mal y condenado por lo que estás viviendo.

En tercer lugar están aquellos que cuando te ven en el hoyo, sin pensarlo, brincan dentro del mismo hoyo para ayudarte. Son aquellos que hacen suyas tus batallas y deciden pelear contigo contra tus enemigos. Son aquellos que sin necesitar mucha explicación, se lanzan a rescatarte y si no pueden sacarte, te dicen: "Bueno, aquí me quedo, y lo pasamos juntos".

¿Cuál es el amigo del "foxhole" o trinchera?

"Foxhole" o "madriguera de zorros" es un hoyo que se abre en medio del campo de batalla para posicionarse para pelear y defenderse del enemigo. Es como una pequeña fortaleza para los soldados. A través de la historia, las trincheras, o estos hoyos, se han utilizado en la guerra, pero no fue hasta el final de la Primera Guerra Mundial que se comenzó a utilizar este término. No es tan solo una estrategia de defensa, sino también de ataque. Este lugar provee protección para los soldados, pero al mismo tiempo les brinda una posición más segura para atacar al enemigo.

Aunque se puede hacer este tipo de hoyos para un solo soldado, lo más eficiente es que haya más de uno dentro del hoyo. Al tener ahí más de un soldado, se puede abarcar más territorio para disparar y defenderse. Los soldados pueden tomar tiempos de descanso para asegurarse que el enemigo no se esté acercando. Nunca he estado en la guerra, y aprovecho para expresar mis más altos respetos por aquellos soldados que han dado su vida a través de los tiempos. Tan solo puedo imaginar la tensión y la ansiedad de estar en un lugar y en un momento como estos.

Aquellos que no hemos ido a la guerra, imaginemos cómo sería estar en medio de tales peligros y al menos poder contar con alguien a tu lado; alguien que está cuidando de ti y ayudándote a defenderte. Estoy seguro que el vínculo que se forma es uno especial. Tiene que serlo. No se pueden vivir experiencias tan intensas y no crear una conexión especial con tu amigo de trinchera o del hoyo de zorros. El adiestramiento, los equipos y las estrategias de guerra son de gran importancia para que los soldados tengan éxito, pero estoy seguro que nada puede sustituir tener un amigo en estas circunstancias.

No se pueden vivir experiencias tan intensas y no crear una conexión especial con tu amigo de trinchera.

Nunca he estado en una guerra, pero he tenido que pelear grandes batallas. Una de las mejores cosas que me han pasado es ver cómo algunas personas, sin conocerme, se han metido en el hoyo conmigo para tratar de ayudarme. Me han sucedido cosas que jamás pensé o imaginé que tendría que vivir, y al mismo tiempo he conocido a personas que de otra manera no las hubiera conocido.

Cada guerra en la que he tenido que cavar un hoyo para defenderme, me ha traído a un amigo que se ha atrevido a entrar conmigo. Al enfrentarme a grandes batallas, he aprendido a cavar hoyos suficientemente amplios para que alguno de mis amigos quepa en él y me ayude a salir. Mejor aún, he aprendido a brincar dentro del hoyo con aquellos que han caído en él y no saben salir. He tenido maravillosas experiencias donde mis amigos han entrado conmigo al hoyo, pero espero crear muchas más cuando otros puedan decir que yo entré en el hoyo con ellos para ayudarlos.

Los amigos del "hoyo" tienen unas características especiales

+ *Dicen "presente" cuando nadie más aparece.*

Este tipo de amigos son los únicos con los que verdaderamente puedes contar. Muchas personas llegarán y estarán en tu vida cuando es conveniente para ellas. Los amigos del hoyo, o de trinchera, son personas que no buscan una excusa para no llegar a donde estés, todo lo contrario: cualquier cosa que te pase es una buena excusa para dejar todo y llegar a ti.

+ *Te han visto en tus peores momentos y no cambian su opinión acerca de ti.*

No todo el mundo puede verte en tus peores momentos porque te juzgarán para siempre. Recuerdo que una persona de mi iglesia me comentó que un familiar me había visto en una fila de un supermercado, vio cómo había reaccionado ante una situación, y no le agradó. Le dijo que jamás iría a mi iglesia por lo que había visto en ese momento. Yo no recuerdo qué fue lo que pasó, y a lo mejor tiene razón y no actué de una forma apropiada, pero tampoco tiene el derecho de juzgar toda mi vida por un mal momento. Probablemente tuve un mal día y esa persona no se tomó el tiempo de preguntarme si algo me había pasado. Los amigos de trinchera o del hoyo no cambian de percepción cuando te ven en los peores momentos.

+ *Son capaces de amarte a pesar de que otros dejen de hacerlo.*

No todos tienen que amarte, pero es malo cuando tratan de que nadie te ame. Hay personas que siempre buscarán la manera de separarse de ti y provocar que te ganes el odio o la indiferencia de los demás. Los amigos de trinchera son capaces de vivir más allá de todo chisme o crítica. Son capaces de aceptar que algunos dejen de amarlos a ellos porque ellos te han amado a ti. Son de los que piensan: "Si el que yo ame a esta persona provoca que tú no me ames a mí, es porque hay algo mal en ti, y no en la persona que he decidido amar".

+ *No siempre están de acuerdo contigo, pero no te hacen sentir culpable.*

Un amigo de trinchera o del hoyo, no siempre tiene que estar de acuerdo con todo lo que dices o haces. Todo lo contrario; son capaces de dejarte saber aquellas cosas que no son de su agrado y no están correctas, para que las corrijas sin hacerte sentir miserable. No buscan cómo señalarte ni culparte, sino que procuran levantarte de tus errores y hacer que reflexiones para mejorar. Sigmund Freud dijo: "Si dos individuos siempre están de acuerdo en todo, puedo asegurar que uno de los dos piensa por ambos".

+ *Procuran darte descanso e inspirarte a seguir.*

Tus amigos de trinchera o del hoyo siempre crean ambientes donde puedas recuperar tus fuerzas y recargarte para continuar. Las batallas que enfrentamos desgastan nuestras energías y quitan nuestras fuerzas. Esto nos hace personas vulnerables al enemigo. Los verdaderos amigos buscan ser un remanso físico, emocional y espiritual.

¿Tienes amigos que han entrado en el hoyo contigo? Si los tienes, dale gracias a Dios por cada uno de ellos. Deberías llamarlos y agradecerles la vez que no lo pensaron y saltaron al hoyo contigo para rescatarte. Si no has tenido amigos que lo han hecho es porque, a lo mejor, no has abierto un hoyo tan grande para que otros quepan. En esto te quiero ayudar en los próximos capítulos. Yo cometí ese error en muchos momentos de mi vida, y no me di cuenta que no dejaba espacio para que otros pudieran entrar y ayudarme en mis batallas. Pensaba que todo el mundo estaba en contra mía y que todos me iban a lastimar, pero personas como Pastor Cash, Pastor Robb Thompson, Jeff Carmichael y Jonás González decidieron brincar a mi pequeño hoyo y ayudarme a salir. Sé que pronto encontrarás personas que harán lo mismo contigo y tú podrás hacer lo mismo con otros.

2

ADIÓS A LA SOLEDAD

"El deseo de tener amigos llega rápido; las amistades no".
—Aristóteles

Hacer y tener amigos no es tarea fácil. No sé si conoces a alguien que siempre está rodeado de personas con una facilidad que quizá tú no tienes. Esto te ha puesto a pensar que debe haber algo malo en ti, y que estás destinado a no tener muchos amigos. Hay personas que

tienen un don o gracia que no todos tenemos para conocer, conectar e interactuar con otros. A muchos nos
cuesta hacer amigos y la realidad es que las amistades
verdaderas requieren un gran esfuerzo. Aun a aquellos
que admiras porque siempre parecen estar rodeados de
personas, les cuesta lograrlo.

No tan solo tiene un alto precio el tener amigos, sino
que las experiencias del pasado muchas veces nos hacen
pensar que no vale el esfuerzo. Alguien dijo que la tristeza más grande de la traición es que siempre llega por
alguien que amas. Intentar tener amigos nos hace personas vulnerables, y a veces esto abre las puertas a las
heridas y desilusiones. Estoy seguro que tienes algunas
historias de momentos difíciles con ciertas personas
que te han hecho pensar de qué sirve el tener amigos.
Y aun es probable que te hayas dado cuenta de que a
veces eres mejor amigo de alguien, de lo que esa persona
demuestra ser tu amiga.

Desde ahora te digo que tener amigos es más valioso
de lo que puedas pensar. Sé que todos desean tenerlos, pero no todos se dan cuenta del efecto de la amistad en todas las áreas de tu vida. Piensa en esto: es tan
importante no estar solo, que el primer problema que
Dios resolvió al hombre fue precisamente este. Luego
de crear todas las cosas y poner al hombre en el centro

de la creación, Dios se dio cuenta de la necesidad de compañía que tenía Adán.

Es interesante porque la religión muchas veces nos dice que lo único que necesitamos es a Dios. Se pretende que con una relación con Dios tengamos total satisfacción, pero Dios mismo se dio cuenta que el hombre que Él había creado era tan parecido a Él, que necesitaba una compañía similar a él; alguien que pudiera brindarle todo lo que Él no podía ofrecer a Adán. Tener a Dios en tu corazón es importante, pero tener a alguien a quien amar en la tierra es maravilloso.

Aunque hacer amigos y mantenerlos no es tarea fácil y nos pone en una posición vulnerable donde podemos llegar a ser heridos y lastimados, los beneficios de tener amigos son mucho más valiosos que los posibles riesgos.

Los beneficios de tener amigos son mucho más valiosos que los posibles riesgos.

Presta atención a esta simple historia:

Caminaba distraídamente por el camino y de pronto lo vio. Allí estaba el imponente espejo de mano, al costado del sendero, como esperándolo. Se acercó, lo alzó y se miró en él. Se vio bien. No se vio tan joven, pero los años habían sido bastantes bondadosos con él. Sin embargo, había algo desagradable en la imagen de sí mismo. Cierta rigidez en los gestos lo conectaba con los aspectos más agrios de la propia historia: la bronca, el desprecio, la agresión, el abandono, la soledad. Sintió la tentación de llevárselo, pero rápidamente desechó esa idea. Ya sabía bastantes cosas desagradables en el planeta para cargar con otra más. Decidió irse y olvidar para siempre ese camino y ese espejo insolente.

Caminó por horas tratando de vencer la tentación de volver atrás hacia el espejo. Ese misterioso objeto lo atraía como los imanes atraen a los metales. Resistió y aceleró el paso. Tarareaba canciones infantiles para no pensar en esa imagen horrible de sí mismo. Corriendo, llegó a la casa donde había vivido desde siempre, se metió vestido en la cama y se tapó la cabeza con las sábanas. Ya no veía el exterior, ni el sendero, ni el espejo, ni su propia imagen reflejada en el espejo; pero no podía evitar la memoria de esa imagen: la del resentimiento, la del dolor, la de la soledad, la del desamor, la del miedo, la del menosprecio.

Había ciertas cosas indecibles e impensables…

Pero sabía dónde había empezado todo esto. Empezó esa tarde, hacía treinta y tantos años… El niño estaba tendido, llorando frente al lago del dolor del maltrato de otros. Esa tarde, el niño decidió borrar, para siempre, la letra del alfabeto. Esa letra. Esa. La letra necesaria para nombrar al otro si está presente. La letra imprescindible para hablarles a los demás, al dirigirles la palabra. Sin manera de nombrar dejarían de ser deseados… y entonces no habría motivo para sentirlos necesarios… Y sin motivo ni forma de invocarlos, se sentiría, por fin, libre…".

Epílogo del Cuento sin U

Escribir sin "U":

Puedo hablar hasta el cansancio de mí, de lo mío, del yo, de lo que tengo, de lo que me pertenece… Hasta puedo escribir de él, de ellos y de los otros. Pero sin "U" no puedo hablar de ustedes, del tú, de lo de ustedes. No puedo hablar de lo suyo, de lo tuyo, ni siquiera de lo nuestro. Así me pasa… A veces pierdo la "U"… Y dejo de poder hablarte, pensarte, amarte, decirte. Sin "U" yo me quedo, pero tú desapareces… ¿Y sin poder nombrarte? ¿Cómo podría disfrutarte?

Como en el cuento… si tú no existes, me condeno a ver lo peor de mí mismo reflejado eternamente, en el mismo mismísimo estúpido espejo.[5]

Una vida plena y satisfactoria tan solo se puede alcanzar si somos capaces de tener relaciones sanas. El pensar que solos podemos ser más felices porque evitamos abrir la puerta a un posible momento de dolor, nos cierra las puertas a la oportunidad de grandes y maravillosas experiencias. Eliminar de tu vida a una persona no te traerá tantos beneficios como los que obtendrás al tenerla.

Una vida plena y satisfactoria tan solo se puede alcanzar si somos capaces de tener relaciones sanas.

El peligro de la soledad

María Teresa de Calcuta dijo en una ocasión: "La soledad y los sentimientos de no ser amado son la pobreza más grande que cualquiera pueda tener".

---

5. Tomado de "Cuentos para pensar", Jorge Bucay, Editorial Océano de México (1 de mayo de 2012).

Aparte de estas palabras filosóficas y reales, estudios de reconocidas instituciones de salud en los Estados Unidos han encontrado que la soledad sube los niveles de las hormonas de estrés y aumenta la inflamación en el cuerpo, lo cual a su vez incrementa el riesgo de enfermedades cardiacas, artritis, diabetes Tipo 2, demencia e intentos suicidas.[6]

Otra investigación realizada por una organización de cuidado de la salud concluyó que "la soledad tiene el mismo impacto en la mortalidad que fumarse 15 cigarrillos al día; es más peligrosa que la obesidad".[7]

Cerca del 50% de los americanos alegan sentirse solos y aislados. Los 75 millones de mileniales (edades de 23-37) y los adultos de la Generación Z (18-22 años) se sienten más solos que cualquier otro grupo demográfico, e informan estar en peor estado de salud que las generaciones de mayor edad. El 54% de los encuestados en el estudio expresaron que sienten que nadie los conoce bien y 4 de cada 10 dijeron que carecen de compañía, que sus relaciones no son significativas y que están aislados de los demás.

Otro estudio demostró que las personas que viven en soledad tienden más a sufrir infarto cerebral, a tener

6. Consulta en línea: https://www.nytimes.com/2017/12/11/well/mind/how-loneliness-affects-our-health.html
7. Consulta en línea: https://www.webmd.com/balance/news/20180504/loneliness-rivals-obesity-smoking-as-health-risk

problemas en el sistema inmunológico, y se les hace más difícil recuperarse de cáncer. La soledad está estrechamente vinculada a la depresión y puede conducir a una muerte temprana, según los estudios mencionados.

Por otra parte, se confirmó que mayores conexiones sociales se asocian con un 50% de menor probabilidad de muerte temprana.

El psicólogo John Cacioppo es considerado unos de los expertos en el estudio del efecto de la soledad en el ser humano. Él mismo ha realizado múltiples estudios para acumular información, y sus descubrimientos son hoy estudiados por muchos. En su libro *Loneliness: Human Nature and The Need For Social Connection*[8] (Soledad: la naturaleza humana de la necesidad de conexión social) presenta parte de estos descubrimientos.

Algunos que me resultan muy interesantes y reafirman los demás estudios mencionados anteriormente, son los siguientes:

1. En los adultos, la soledad es uno de los factores que más produce la depresión y la dependencia en el alcohol.

2. El porcentaje de suicidio aumenta tanto en adultos como en jóvenes.

---

8. W. W. Norton & Company. 10 de agosto de 2009.

3. Una persona que experimenta soledad es más propensa a tener niveles de ansiedad y estrés mucho más altos que una persona que tiene buenas relaciones. Es interesante que ambos grupos expuestos a las mismas situaciones reaccionan de manera totalmente diferente, y el efecto en su estado de ánimo afecta más a la persona sola.

4. El sentimiento de soledad no permite que una persona pueda disfrutar de los beneficios del descanso. Durante el tiempo de sueño, una persona que tiene estas emociones no es capaz de recibir los beneficios restaurativos psicológicos y físicos del descanso.

5. Los sentimientos de soledad afectan el sistema hormonal y circulatorio. En una persona con estas emociones, aumenta la circulación de hormonas producidas por el estrés, afectando así todo el sistema hormonal.

Lo más triste es que la soledad es considerada por muchos una de las peores epidemias que sufre la humanidad en estos momentos. El doctor Cacioppo demuestra a través de sus estudios que 1 de cada 4 personas es víctima de soledad crónica; es decir, el 25% de la sociedad americana vive bajo el efecto negativo de este mal.

Definitivamente el ser humano está diseñado para ser y funcionar en conexión con otros.

La soledad y nuestras reacciones

Un tiempo atrás visitaba la ciudad de Dallas, Texas. Aquellos que han tenido el privilegio de ir allí saben la cantidad de carreteras y autopistas que se cruzan de un lado a otro de la ciudad. No es fácil manejar allá sin la ayuda del GPS. En un momento me pregunté cómo había podido manejar en esta ciudad en el pasado sin tener la tecnología que me permite ser dirigido por mi teléfono. Había logrado conducir allí antes, pero hoy se me hace difícil pensar hacerlo sin este beneficio tecnológico.

La era moderna nos ofrece la oportunidad de crear más conexiones y permanecer más en contacto, pero a veces nos entorpece o nos complica las relaciones, porque puede llevarnos a una ilusión incorrecta de cercanía. Puede hacernos intercambiar los verdaderos valores que desarrollan una gran amistad.

La tecnología y el acceso a la Internet ponen una presión constante de mantenernos conectados e interactuando. Se esperan y se demandan respuestas inmediatas a llamadas telefónicas, correos electrónicos, mensajes de texto y los famosos *posts* en las redes sociales. Algunos esperan que comentes en todas sus fotos y que tengas algún tipo de reacción a las mismas.

Hago esta aclaración porque es importante que comprendas la diferencia entre estar solo y experimentar soledad. La soledad no está cien por ciento influenciada por la cantidad de contactos que tienes con otros en el día. La soledad es un estado mental y emocional, no físico o circunstancial, producido por el procesamiento erróneo de los eventos de nuestras vidas. Puedes estar rodeado de miles de personas y tener muchos contactos en tus redes sociales, pero aun así experimentar los efectos destructivos de la soledad. No te impresiones por aquellos que están rodeados de muchas personas. ¡No te imaginas cuántos en su corazón están sufriendo de este gran mal!

La soledad es un estado mental y emocional, no físico o circunstancial, producido por el procesamiento erróneo de los eventos.

No me malinterpretes. Son necesarios el contacto físico y personal, pero el mismo no te asegura que no experimentes la soledad en tus pensamientos. Todos necesitamos un abrazo, una sonrisa o mejor aún, alguien con quien reír, pero la realidad es que el problema de la soledad es más interno que externo. Mientras escribo este libro vivimos en la era de las redes sociales, pero las personas se sienten cada vez más solas.

Las posibilidades de conexión y de permanecer en contacto con amigos y seres queridos son más amplias que nunca. La probabilidad de conocer personas nuevas es cada vez mayor. La facilidad de manejar nuestras relaciones más efectivamente por causa de la tecnología permite experimentar cercanía a pesar de las distancias físicas, pero las personas siguen sintiéndose solas.

La vida no está determinada por los eventos que nos suceden, sino por las interpretaciones que hacemos de los eventos. Lo más grande es que el responsable de esa interpretación eres tú. Nadie te puede obligar a llegar a una conclusión o interpretación de lo que te ha sucedido, por lo tanto, nadie puede decidir cómo te sientes. Si nunca quieres sentir soledad, es importante que aprendas a interpretar correctamente todo lo que has vivido. Todos experimentamos momentos difíciles en nuestras vidas que nos ponen en situaciones vulnerables, pero cada uno tiene la capacidad de tomar cada pieza del rompecabezas de su vida y armarlo hasta alcanzar la imagen deseada. Este proceso conlleva determinación y visión de futuro.

Cada uno tiene la capacidad de tomar cada pieza del rompecabezas de su vida y armarlo hasta alcanzar la imagen deseada.

Imagínate por un momento que vas a una tienda de juguetes y adquieres un rompecabezas. Cuando viste la imagen que puedes formar, decides comprarlo y dedicar tu tiempo a armarlo. Llegas a tu hogar, abres la caja y observas todas las piezas. Vuelves y cierras la caja, comienzas a moverla y luego de unos segundos abres la caja nuevamente, y te desilusionas porque el rompecabezas no está armado. Estoy seguro que debes estar pensando que es una locura creer que el rompecabezas se armará solo por mover la caja. Te pregunto: ¿no es eso lo que a veces has pretendido con tu vida?

Para armar el rompecabezas necesitas varios elementos. Primero, una imagen clara de lo que quieres ver al final. Segundo, paciencia para comenzar a buscar dónde encaja cada pieza. Tercero, revisar constantemente la imagen que deseas ver. Cuarto, tomar momentos de descanso para volver a comenzar. Sobre todo, necesitas la determinación de ver completada la imagen por la cual compartes todas esas piezas, sabiendo que puestas en el orden correcto verás una bella realidad.

Malas interpretaciones

Hay muchos eventos en nuestras vidas que pueden provocar que lleguemos a las malas interpretaciones que nos llevan a experimentar la soledad. Exploremos solo algunos para darte ideas de cómo trabajar con ellos y con cualquier evento que trate de provocar estas ideas en ti.

1: Un niño que experimenta el abandono de alguno de sus padres o de ambos padres

La ausencia del padre o la madre tiende a traer a la mente de los niños un sentido de gran pérdida. Es probable que hayas escuchado algunas historias de personas abandonadas o dadas en adopción que pasan toda su vida buscando a sus padres biológicos. La pregunta que muchos quieren hacerles es: ¿Por qué?

El no tener respuesta a esa pregunta les hacer llegar a sus propias conclusiones. La mayoría que he visto no buscan a sus padres para recriminarles, sino simplemente para saber por qué y así perdonar. El no tener la respuesta a esa pregunta les hace sentir miedos, inseguridades, sentirse inadecuados o avergonzados. Les hace pensar que tenía que haber algo malo en ellos que provocó ese abandono. Piensan que no había nada lo suficientemente bueno en ellos para que sus padres se quedaran. Peor aún, muchos llegan a sentirse culpables.

¿Qué sucede si este niño nunca encuentra la verdadera razón del abandono? Su mente se quedará recreando las mismas respuestas erróneas, y afectará la manera como se relaciona con los demás.

¿Qué hacemos?

No se puede borrar el hecho del abandono, pero una persona que ha tenido esta experiencia debe tomar la decisión de enfocarse en las cualidades y en las fortalezas que lo hacen especial. Es importante que él o ella misma lleguen a la conclusión de que ese abandono no tuvo nada que ver con ellos, sino que todo fue por los problemas que sus padres estaban experimentando.

2: Un joven que no es aceptado por sus compañeros

En los pasados años hemos escuchado mucho acerca de la realidad del *bullying* (acoso) en las escuelas. El efecto en la mente de un joven que experimenta este tipo de abuso es abrumador y puede tener consecuencias letales. Es probable que hayas escuchado sobre algunos casos de jóvenes que han tomado la decisión de quitarse la vida por no poder manejar efectivamente este problema.

Cuando una persona experimenta este tipo de abuso y de rechazo, se siente humillada, herida, expuesta y poco deseada. Una las primeras cosas que se debe hacer es tratar de detener ese tipo de comportamiento de parte del abusador. El problema es que aunque removamos al abusador o a la víctima, el efecto en la mente es devastador si no se ayuda a interpretar correctamente lo que ha pasado. La persona se puede quedar con la interpretación mental de: "Si esa persona piensa así de mí es porque hay algo mal conmigo y todos lo van a notar".

¿Qué hacemos?

Una de las cosas que debemos hacer para que el patrón mental negativo no permanezca es aprender a tener una respuesta inmediata para cada ataque verbal. No una respuesta de pelea o confrontación, sino de defensa emocional donde le deje saber a la persona y al joven mismo que sus palabras no le afectan. Esta respuesta nos da la capacidad de enfrentar estos ataques.

3: La experiencia de un divorcio

El divorcio es comparado con la muerte. Algunos profesionales establecen que el divorcio debe pasar por las mismas etapas sicológicas del luto. No importa las razones de una separación, siempre se dejan heridas emocionales. Algunas veces los pensamientos que quedan son acerca de cuán inadecuados o malos tuvimos que haber sido para que la relación terminara. Estos pensamientos se repiten en la mente, llevando a experimentar baja autoestima y otras emociones que hasta que no son sanadas no permiten el desarrollo de nuevas relaciones apropiadas.

¿Qué hacemos?

Una de las posibles interpretaciones que nos ayuda a trabajar con esta situación es el establecer que llegó el momento y la oportunidad de trabajar contigo para ser mejor persona. Es probable que antes del momento del divorcio ya experimentabas los pensamientos y emociones negativas, pero no tenías el espacio para trabajar con ellas. Ahora sí lo tendrás y todo estará bien.

Sé que estos problemas son más complicados de lo que presento y que requieren ayuda espiritual y emocional, pero lo que deseo que comprendas es que tienes el poder, no necesariamente de evitar el evento, pero sí de no permitir que defina el final de tu vida.

La soledad se experimenta cuando repetimos como un disco rayado en nuestra cabeza las interpretaciones negativas de los eventos del pasado. Una vez más, solo tú tienes el poder de detener este patrón innecesario y nada productivo. Si eres capaz de darle una nueva interpretación a los eventos de tu vida, tendrás las victorias sobre la soledad y te posicionarás en el lugar correcto para tener hermosas amistades.

Solo, pero no en soledad

Antes de mostrarte algunas soluciones prácticas para trabajar con esta situación y comenzar a crear grandes amistades, es importante hacer la diferencia entre estar solo y experimentar soledad. Cada uno de nosotros necesitamos conexiones sanas y positivas para vivir vidas plenas, pero también son necesarios los momentos de reflexión personal para poder crecer.

Es importante apartarnos intencionalmente de tiempo en tiempo para estar con nosotros mismos, y tener el espacio para reflexionar y meditar. Estos momentos son necesarios para vaciar nuestras mentes de pensamientos tóxicos y permitir momentos de introspección. Salir del bullicio de la ciudad, apagar todos los aparatos electrónicos y separarte por un tiempo puede traer grandes beneficios a tu vida espiritual, emocional y física.

No pienses que eres raro ni antisocial al apreciar momentos como estos, todo lo contrario: esos momentos te pueden ayudar a fortalecer la manera en que interactúas con los demás. La realidad es que en la sociedad que vivimos, esto no necesariamente es algo bien visto y, por lo tanto, las personas que procuran tiempo para estar solos son marcados muchas veces como raros o antisociales.

Nunca podrás disfrutar de una relación saludable con otros si no la tienes contigo mismo primero. Aprende a disfrutar de ti y siéntete bien contigo. Procura, durante cada mes, tomar tiempo para estar contigo mismo y reflexionar. Algunos beneficios de dedicar este tiempo a ti mismo son:

1. Le da a tu cerebro la oportunidad de reiniciarse.

2. Mejora tu concentración.

3. Aumenta tu productividad.

4. Te ayuda a redescubrir tu propia voz.

5. Te da la oportunidad de pensar profundamente.

6. Te ayuda a resolver problemas más efectivamente.

7. Te da un mejor sentido de balance y consciencia de ti mismo que te lleva a entenderte mejor a ti mismo; lo que te impulsa, te inspira y te entusiasma.

8. En consecuencia, mejora la calidad de tus relaciones con las demás personas.[9]

¿Cómo logras separar ese espacio de tiempo para ti, y aprovecharlo al máximo?

+ *Haz espacio en tu agenda para estar solo.*

Si no te disciplinas para sacar este tiempo para ti, nadie lo hará. Es importante que de la misma manera que llevas en tu agenda las citas que tienes con otras personas, determines un espacio para ti.

+ *Déjales saber a los más cercanos que estás tomando este tiempo.*

No tengas pena en dejarles saber a las personas más cercanas que no interrumpan esos momentos que has separado para ti. Enséñales a respetar este tiempo.

+ *Solo deja encendido lo que te ayude a reflexionar.*

La mayoría de los teléfonos en el día de hoy pueden ser puestos en "Do Not Disturb Mode" (Modo de no molestar). Eso evitará los mensajes de textos y llamadas telefónicas, pero lo puedes utilizar para poner la música que te agrada y que te ayudará a maximizar el momento.

---

9. Consulta en línea: https://www.psychologytoday.com/us/blog/high-octane-women/201202/why-you-shouldnt-feel-guilty-about-stealing-little-time-yourself

+ *Ve con un plan definido.*

No entres en estos momentos sin haber determinado de antemano en qué vas a meditar y reflexionar. Si le das la libertad a tu mente de que ella escoja los pensamientos, puedes encontrarte luchando contigo mismo, en vez de procesar las ideas importantes para ti.

+ *Determina un tiempo específico.*

Si vas a un psicólogo profesional te darás cuenta que cada reunión tiene un tiempo limitado. El no establecer ese límite hará que tu mente divague y no llegue a conclusiones.

+ *Toma notas.*

Trata de anotar o grabar los pensamientos que comienzan a fluir en esos momentos. No dependas de la memoria. Al anotar o grabar le das espacio a tu mente para que siga fluyendo.

+ *Haz un inventario de tus pensamientos.*

Toma el tiempo para revisar tus notas. Mira cuáles pensamientos vale el esfuerzo reafirmar y cuáles hay que borrar o transformar. Solo quédate con aquellas ideas que te ayudan a construir la vida que te has propuesto vivir.

+ *Qué hacer cuando lleguen pensamientos de soledad*

Por más amigos que tengas o familiares que te amen, en algún momento todos nos sentimos solos. Es importante que aprendas cómo trabajar con esos pensamientos, porque si permanecen, serás víctima de los mismos.

+ *No sientas vergüenza.*

No te sientas mal por sentirte solo. Aun los más grandes hombres y mujeres de la historia han experimentado esos momentos. A veces, cuando nos sentimos así, la primera reacción es decirnos que no deberíamos sentirnos así. Nos da vergüenza con nosotros mismos y con los demás el admitir que estamos experimentando estas emociones. Comienza con admitirlo y piensa bien de ti por el deseo de querer solucionarlo.

+ *Deja de pensar mal de ti.*

Muchas veces los peores críticos que tenemos somos nosotros mismos. Nuestra propia mente nos da las razones incorrectas por las cuales estamos teniendo estos pensamientos. Detén la autocrítica.

+ *Analiza de dónde salen estos pensamientos.*

Toma el tiempo para tratar de identificar qué ha provocado esta emoción en tu vida. Recuerda que los pensamientos no salen de la nada; algo los provoca. Pueden llegar por eventos del presente, por recuerdos de eventos pasados, o una combinación de ambos. En otras palabras, un evento de hoy te recuerda algo que pasó en el ayer.

+ *Tú eres responsable.*

Acepta la responsabilidad de cambiar las ideas que estás teniendo y reinterprétalas de la mejor manera, para que seas libre del efecto de la soledad. Recuerda: nadie tiene el poder para determinar cuál es el objetivo de tu vida.

+ *Haz una oración.*

Una de las cosas más efectivas que hago como cristiano es presentar a Dios todos estos pensamientos en mis momentos de oración. Entender que tan solo puedo hacer lo suficiente y rendirme a Dios me da la oportunidad de soltar toda ansiedad. El saber que puedes acudir a Él en todo momento te abre una puerta de posibilidad y de oportunidad para relaciones que sanarán tu vida.

+ *Conéctate.*

Busca la manera de tener más conexión significativa, primero con tu familia y con viejos amigos. Toma el tiempo de reconectar esas relaciones que has dejado rezagadas por la rutina diaria. No hay nada que mate una relación como permitir que las rutinas de nuestras vidas nos desconecten.

+ *Atrévete.*

Atrévete a conocer nuevas personas. El hacer amigos es toda una aventura y aquellos que se lanzan con valentía obtienen amistades que sanan. Muéstrate amigable con todo el que puedas. Estoy seguro que Dios te sorprenderá con nuevas personas que algún día podrás llamar amigos.

3

¿QUIÉN ES TU AMIGO?

"Lo que hace indisoluble a las amistades y
dobla su encanto, es un sentimiento que
le falta al amor: la certeza."
—Honoré de Balzac

Escuché en una emisora de radio un anuncio similar
a este: "Fallecí a la edad de 16 años, a la edad de 60
me hicieron abuelo, a los 32 terminé mi doctorado, a la

edad de 25 me casé y a los 40 logré montar mi empresa".
Escuchar la voz de una joven decir que a los 16 años
había muerto, pero que a todas estas otras edades había
alcanzado todas estas cosas, captó mi atención. De primera intención no podía entender la lógica de lo que
decía, pero definitivamente tenía que saber de qué se
trataba. Luego de unos segundos entendí que era un
anuncio para promover la donación de órganos. Todas
las cosas que la joven alcanzó a otras edades luego de
haber fallecido, lo logró porque sus órganos fueron
donados a muchas personas. Su vida terminó a los 16,
pero seguía viviendo a través de otros.

Cuando tenemos amigos, creo que tenemos una experiencia similar. Nuestra vida y nuestra influencia llegan
más allá de lo que a veces podemos imaginar. Si la soledad tiene efectos devastadores en la vida de las personas,
el tener grandes amigos tiene grandes recompensas.

La empresa National Geographic y su explorador Dan
Buettner realizaron un estudio de los lugares en el
mundo donde las personas viven más tiempo. Querían
descubrir cuáles son los secretos de la longevidad. Este
proyecto se llama "The Blue Zones" (Las zonas azules),
y dio lugar a una serie de libros, empezando con uno
del mismo título.[10] El primer libro se tradujo al español

---

10. The Blue Zones, National Geographic (April 21, 2009).

como "El secreto de las zonas azules".[11] En sus descubrimientos hay varios factores que contribuyen a que un individuo tenga una vida más larga que el promedio. La comida, el sentido de propósito y la actividad física son tan solo algunos de ellos. Uno de los factores más importantes es la interacción social entre los residentes de ciertas zonas.

En sus libros "The Blue Zones", el autor presenta el concepto conocido como "Moai". "Moai" es una palabra japonesa que significa grupo de amigos permanentes o para toda la vida. Es un grupo social que se forma para proveer ayuda social, financiera, salud o con intereses espirituales.

En Okinawa, Japón, que es uno de los lugares presentados en estos estudios, es una tradición el formar estos pequeños grupos de ayuda social. La idea original de formarlos era proveer ayuda financiera dentro de la comunidad. Se unían los recursos de un pueblo pequeño y así se financiaban los proyectos de obras públicas. A través de los tiempos el concepto ha ido evolucionando para convertirse en un sistema de apoyo emocional en la comunidad. La idea se trata, básicamente, de un grupo de personas que se reúne con un propósito en particular.

11. Grijalbo, 2016.

Cuando una persona nace es integrada a un pequeño grupo de niños contemporáneos y se convierten en su segunda familia. Se procura que se lleven a cabo reuniones regularmente, y así se crean las conexiones necesarias para experimentar juntos la vida. Hay evidencia de grupos que se crearon hace más de 90 años. En otras palabras, son personas que llevan más de 90 años de amistad. El apoyo que se recibe en estos grupos es más que simplemente pasar un buen tiempo juntos durante la semana, sino que cada uno de los integrantes tiene la seguridad de contar con todo tipo de ayuda física, emocional y hasta financiera.

Durante más de treinta años, los estudios sobre personas centenarias han señalado las conexiones sociales y las amistades como factores cruciales de la longevidad. Enumero a continuación algunos de los muchos beneficios de la amistad en los seres humanos:

- Aumenta tu felicidad y te reduce el estrés.

- Te ayuda a enfrentar momentos difíciles, y a tener resiliencia.

- Aumenta tu sentido de pertenencia y propósito.

- Te protege de malos hábitos.

- Te ayuda a vencer el rechazo.

+ Mejora tu sistema cardiovascular.

+ Mejora tu sistema inmunológico.

+ Ayuda a mantener tu mente más efectiva.

+ Se ocupa de que aprendas a disfrutar más de la vida.

+ Mejora tu confianza en ti mismo y tu auto-valía.

+ Te alienta a cambiar o evitar hábitos de vida que no son saludables, como beber en exceso o falta de ejercicio.[12]

Podría continuar añadiendo beneficios que muchos estudios sociológicos y psicológicos han encontrado. Ahora, si el listado que te acabo de mostrar no te inspira a crear nuevas amistades y mantener las que ya tienes, no sé qué más decirte para convencerte de que los buenos amigos son una bendición. No tan solo te sanan, sino que te ayudan a vivir mejor.

¿Qué es un amigo?

Espero haberte convencido o al menos haberte entusiasmado a que busques tener mejores amistades y seas un mejor amigo para alguien. Imagínate el impacto que

---

12. Consulta en línea: https://www.mayoclinic.org/healthy-lifestyle/adult-health/in-depth/friendships/art-20044860

puedes tener en la vida de los demás ofreciéndoles una amistad sincera.

¿Cómo definimos qué es un amigo? Estoy seguro que tienes en tu mente una idea de lo que significa para ti ser amigo. Lee las próximas tres historias, la antesala de mi definición personal de lo que representa ser amigo.

Dar la vida

Un día discutían un grupo de sabios sobre cuál era el hombre más generoso de la aldea. Los debates se prolongaron varios días, y al final quedaron solo tres candidatos. Como los partidarios de los tres candidatos no se ponían de acuerdo, decidieron crear una prueba eliminatoria para decidir quién era de los tres el hombre más generoso.

Para ello decidieron enviar a cada uno de los tres candidatos finalistas un mensaje que contendría el siguiente texto:

"Tu amigo Wais se encuentra en un gran apuro. Te ruega que le ayudes con bienes materiales".

Así, pues, se acordó que el mensajero entregaría el mismo mensaje a cada uno de los tres finalistas y que volvería con la respuesta que le habían dado los tres hombres.

El Primer Hombre Generoso, al recibir el mensaje, le dijo al mensajero:

"No me molestes con estas pequeñeces. Toma todo lo que quieras y dáselo a mi amigo Wais".

Y así hizo. El mensajero volvió al grupo de sabios reunidos y transmitió su mensaje. Estos pensaron que no podía haber hombre más generoso, y a la vez altivo.

El mensajero salió hacia la casa del Segundo Hombre Generoso y al llegar a casa de este, su criado le dijo:

"Mi señor es muy arrogante, no puedo molestarle con estas cosas, pero me ha dicho que te lleves todo lo que tiene e incluso una hipoteca sobre sus bienes".

Y así volvió el mensajero de nuevo al consejo de sabios para transmitir la respuesta al mensaje. Los sabios, al escuchar su respuesta, pensaron que probablemente este sería el hombre más generoso de todos.

El mensajero partió a la casa del Tercer Hombre Generoso para entregarle el mensaje.

"Empaqueta todas mis cosas y lleva esta nota al prestamista para que liquide todas mis pertenencias. Y cuando hayas acabado, vuelve para esperar algo que te dará una persona de mi parte", le dijo al mensajero el Tercer Hombre Generoso.

Cuando el mensajero volvió, una vez acabadas todas las gestiones que el Tercer Hombre Generoso le había encomendado, se encontró en la puerta con una persona que le dijo:

"Si tú eres el mensajero de Wais, tengo que entregarte el importe de un esclavo que se acaba de vender en el mercado de esclavos".

Ese esclavo era el Tercer Hombre Generoso.[13]

Ralph Waldo Emerson dijo en una ocasión: "El regalo más grande es dar una parte de ti mismo". Los primeros tres hombres del cuento fueron buenos amigos y sumamente generosos al responder a la necesidad de su amigo, pero ninguno como aquel que entregó su vida. Jesús declaró en el libro de Juan 15:13: *"No hay mayor amor que dar su vida por un amigo"*.

---

13. Cuento adaptado del publicado en el libro «Cuentos sufís» por Omar Kurdi y Pedro Palao Pons Ed. Sabiduría Ancestral. Consulta en línea: https://isabeliglesiasalvarez.com/cuentos-para-reflexionar-el-valor-de-la-amistad/.

Se dice que en un desayuno la gallina está involucrada, pero el cerdo está comprometido. La razón es muy simple. Luego de cada huevo que la gallina produce, todavía sigue viviendo, pero el cerdo para poder dar el tocino tiene que ser sacrificado. Aunque a veces no se vea, dar dinero o algo material es más fácil que dedicar tiempo y hacer sacrificios.

Alguien te está esperando

Sigue conmigo en esta segunda historia.

En medio de una batalla, una compañía se vio sorprendida por el enemigo que lo superaba en número y en medios bélicos.

El mando de la compañía ordenó la retirada hacia el punto de encuentro, marcado a varios kilómetros. Poco a poco fueron llegando los soldados contando el infierno que habían vivido y la cantidad de bajas que se estaban produciendo.

Un soldado recién llegado comenzó a preguntar si había regresado otro soldado amigo suyo. Nadie le supo dar respuesta hasta que otro compañero le indicó la zona donde lo vieron por última vez. El soldado pidió permiso al oficial para ir a buscar a su amigo, pero este le denegó el permiso argumentando que, probablemente, en ese momento ya estaría muerto.

El soldado desobedeció y se marchó a buscarlo.

Varias horas más tarde llegó el soldado, malherido, con su compañero ya muerto en brazos. El oficial, al verlos entrar, le dijo:

"Mira lo herido que estás, ya no podrás continuar en la batalla ¿Ves cómo no merecía la pena que fueras? Ahora, en vez de un hombre, he perdido a dos".

El soldado le respondió:

"Sí que ha merecido la pena. Cuando llegué, todavía estaba vivo y me dijo: 'Sabía que vendrías por mí'".[14]

Es poderoso sentir la seguridad de que en los peores momentos de la vida tenemos a alguien que llegará para ayudarnos. A veces tenemos amigos a la distancia, y por causa de eso no podremos vernos constantemente. Pero la amistad es tan poderosa que se tiene la certeza de que en el momento que los necesitemos, allí estarán.

Todos pasamos por momentos difíciles y complicados. Es muy difícil cuando tenemos problemas y no

---

14. Consulta en línea: https://www.recursosdeautoayuda.com/una-reflexion-sobre-la-verdadera/

tenemos a dónde ir o en quien apoyarnos, pero aquel que tiene amigos nunca tendrá ese problema. No existe incertidumbre de que la ayuda viene de camino y, si no pudiera llegar, el mero hecho de tener la seguridad interna de que podemos contar con alguien nos da la fortaleza para seguir viviendo.

Un amigo desconocido

En mi búsqueda de recursos para complementar las ideas que ya tenía y escribir este libro encontré un libro titulado "Your Friend Forever, A. Lincoln; The Enduring Friendship of Abraham Lincoln and Joshua Speed", escrito por Charles Stroizer (Tu amigo para siempre, A. Lincoln; la amistad duradera de Abraham Lincoln y Joshua Speed).[15] He disfrutado la lectura del libro, pero para el punto que quiero mostrarte, con leer la reseña del libro es más que suficiente.

> El 15 de abril de 1837, un "largo y desgarbado" Abraham Lincoln entró en la tienda de productos secos de Joshua Speed en Springfield, Illinois, y preguntó cuánto costaría comprar los materiales para una cama. Speed dijo diecisiete dólares, que Lincoln no tenía. Pidió un préstamo para cubrir esa cantidad hasta Navidad. Speed fue sobrecogido por su visitante, pero,

15. Columbia University Press; edición reimpresa (17 de abril de 2018)

como dijo más tarde, "nunca vi una cara tan triste y melancólica". Speed sugirió que Lincoln se quedara con él gratuitamente en una habitación de su tienda y compartiera su gran cama doble. Aquello que comenzó se convertiría en una de las amistades más importantes de la historia estadounidense.

Speed fue el confidente más cercano de Lincoln, ofreciéndole un apoyo invaluable después de la muerte de su primer amor, Ann Rutledge, y durante su cortejo inestable de Mary Todd. Lincoln necesitaba a Speed para orientación, apoyo y empatía. "Your Friend Forever, A. Lincoln" es un rico análisis de una relación que fue a la vez un modelo de amistad masculina y una dinámica específica entre dos hombres brillantes, pero fascinantemente defectuosos que enfrentaron las fortalezas y debilidades de cada uno para lanzarse en el amor y la vida. Su amistad resuelve preguntas importantes sobre los primeros años de Lincoln y agrega una profundidad psicológica significativa a nuestra comprensión de nuestro décimosexto presidente.

Abraham Lincoln es uno de los presidentes más recordados en la historia de los Estados Unidos. Antes de llegar a ser presidente tuvo muchos fracasos políticos, pero ninguno le impidió llegar a convertirse en el presidente número 16 de la nación. Entre sus mayores logros se reconoce la Proclamación de la Emancipación. Aunque la misma no eliminó la esclavitud inmediatamente, estableció la base para que llegara a ser posible.

Una de las figuras importantes a través de toda su vida fue su amigo Joshua Speed. En cada momento difícil jugó un papel importante en el estado emocional del presidente. El Dr. Charles Stroizer presenta el perfil psicológico del que llegaría a ser presidente de los Estados Unidos y cómo la amistad con Joshua Speed fue parte integral de esto. Lo que me sorprende es que si no hubiera estado escribiendo este libro, probablemente nunca hubiera sabido quién era Joshua Speed. Para mis exámenes de historia americana siempre tuve que recordar quién era Abraham Lincoln y lo que había logrado, sin saber que detrás del telón había un personaje importante que no era conocido.

Creo que los amigos verdaderos son aquellos que el único crédito o reconocimiento que necesitan es que tú sepas que ellos son tus amigos. No están haciendo alardes de su relación contigo, no la utilizan para avanzar delante de las personas, y disfrutan de cada uno de tus éxitos como si fueran de ellos.

Ahora te defino qué es para mí un amigo

Amigo es aquel que hace un compromiso de por vida y con su vida para ayudarte a ser lo mejor que puedes llegar a ser, sin tener que recibir ningún crédito. Amigo es aquel a quien esperas en los buenos y no tan buenos momentos, o es aquel que sabe que alguien lo está esperando.

En los próximos capítulos te muestro cómo llegar a tener amigos como estos, que llamaremos amigos "superiores", "de los buenos", "nobles" o "verdaderos". Y aprenderás cómo llegar a ser ese amigo para alguien.

Sin embargo, también te hablaré de aquel amigo ocasional o de "utilidad" que tal vez no esté en tu definición de amigo. Aunque la definición de ese tipo de amigo parezca contradictoria a lo que para mí significa un amigo (y muy probablemente para ti también), podemos llamarle amigo a esa otra persona porque mientras está en tu vida cumple un propósito para ti y tú cumples un propósito para él. En una forma específica y prevista intencionalmente, él mejora tu vida y tú mejoras la suya. Con frecuencia la amistad acaba al terminar la utilidad. Lo que no sabemos es si ese amigo de utilidad o de placer se podrá convertir en amigo verdadero. Por eso le llamamos "amigo" a él también.

4

LA EVOLUCIÓN DE LA AMISTAD

"Algunos creen que para ser amigos basta con querer,
como si para estar sano bastara con desear la salud."
—Aristóteles

En una ocasión, mi niña más pequeña, Jillianne, se acercó a mí y me dijo, "Te presento a Leo León", señalándome hacia el lado de ella. Al principio no entendía lo que ella me trataba de decir, pero era que me estaba presentando formalmente a su amigo, un amigo imaginario. Por varios meses teníamos que hacer espacio en la mesa o en el sofá de la sala para que Leo León se sentara.

Es curioso que si le preguntabas qué edad tenía, ella decía que tenía un año menos que ella. Esto aseguraba que ella no fuera la más pequeña de la casa. No recuerdo cuánto duró este periodo, pero fue un tiempo muy interesante en nuestra familia. Ninguna de mis otras hijas había hecho esto, así que era algo totalmente nuevo para nosotros. Ahora, analizando, los amigos son tan importantes que si no los tenemos, los inventamos.

En la película "Castaway" ("Náufrago", en español), el personaje principal pasa la mayoría del tiempo conversando con una bola de voleibol sobre la cual había pintado una cara de una persona, y le puso por nombre Míster Wilson. Chuck Noland, protagonizado por Tom Hanks, es un empleado de la compañía Fedex, obsesionado con su trabajo y sumamente disciplinado. Como parte de su trabajo, tuvo que viajar para visitar otras sucursales fuera de su ciudad y se vio involucrado en un accidente aéreo al cual sobrevivió, pero quedó solo en una isla. Totalmente incomunicado, vemos en la película su deseo de luchar y sobrevivir.

El personaje siente la necesidad de crear a alguien con quien compartir. Míster Wilson, aunque imaginario, se convierte en el confidente de Chuck. Con él podía compartir sus recuerdos, frustraciones y hasta sus aspiraciones. Chuck descubrió que si él no hablaba, la soledad le hablaría más fuerte; al no tener a nadie que le hablara quedaría totalmente solo con sus pensamientos, y no necesariamente serían los mejores. El mero hecho de sentir que él podía hablar con alguien silenciaba la peligrosa voz de la soledad. Si no has visto la película, no quiero arruinarla contándote el final, pero te recomiendo que la veas.

Chuck fue capaz de sobrevivir a este momento tan difícil, me parece que por dos razones principales. Estas dos razones le llevaron a tener ideas creativas para solucionar los problemas a los que cotidianamente ya tenemos solución, pero en ese momento, sin recursos, no era tan sencillo. Estas dos razones lo ayudaron a mantener su cordura y no perder su mente. Estas dos razones le dieron el valor de lanzarse a lo desconocido y lograr su objetivo. Estas dos razones eran el pensar en sus seres queridos y conversar en compañía de Míster Wilson. Por más problemas que a veces podamos tener con otros seres humanos, sin ellos no podríamos sobrevivir.

"El Náufrago" me enseñó que si no tienes amigos, entonces tienes que imaginarlos. La simple idea de un amigo puede salvarte la vida. Al mismo tiempo piensa a cuántos les podrás salvar la vida si en vez de ellos tener que imaginar un amigo, te pudieran tener como uno.

La idea de un amigo puede salvarte la vida. Y piensa a cuántos podrías salvar su vida si tú fueras un amigo.

Tres amigos

Aunque siempre tienes la opción de imaginar a los amigos, lo ideal es que aprendas a crearlos y cultivarlos. Hay muchos elementos que juegan un papel importante en este proceso, pero me gustaría que estudiemos lo que uno de los más conocidos filósofos de los tiempos antiguo dijo acerca de la amistad. Me refiero a Aristóteles.[16]

Como parte de mis estudios para desarrollo personal, durante un tiempo estudié a muchos filósofos y el

16. Consulta en línea:https://filosofia.laguia2000.com/filosofia-griega/aristoteles-y-la-amistad.

desarrollo de sus pensamientos. No fueron estudios formales universitarios; a través de la búsqueda personal de literatura y otros recursos pude obtener un conocimiento básico del desarrollo del pensamiento humano. Siempre me resultó curioso cómo dentro de la evolución de los pensamientos de la humanidad, se dedicaba una gran porción a la explicación de la amistad como parte integral de la ética, la moral, la justicia y el gobierno. Aristóteles fue uno de los que más hablaron acerca de este tema, e influyó en cómo otros pensaban.

El gran filósofo habla mucho de la amistad porque él pensaba que era una de las más importantes riquezas que podía tener una persona. La verdadera amistad, o la amistad superior, está libre de grandes ataduras que pueden contaminar otro tipo de relaciones. Aristóteles decía que había tres tipos de amistad, pero había una de ellas que era superior a las otras. Entre estos tres tipos de amistad hay dos que son circunstanciales, y otro que es basado en una decisión personal. Como imaginarás, la amistad basada en una decisión personal noble o correcta es la superior a todas.

Utilidad o conveniencia

El primer tipo al que Aristóteles se refería es la amistad de utilidad o conveniencia. Es la amistad basada en el beneficio que puedo obtener de ti. Cuando el beneficio se termina, también acaba la amistad. Te haces amigo de la persona que te atiende en un restaurante que frecuentas regularmente. Esta persona te provee servicio de calidad cada vez que visitas el lugar, pero no hay afecto más allá del momento cuando visitas este establecimiento. En el momento que ya no vas a este lugar o la persona se mueve de trabajo, la relación termina.

Tú obtienes un beneficio de esa persona porque deseas una buena atención cuando vas a comer, y al mismo tiempo ella desea atenderte bien para que puedas recompensarle con una buena propina. No hay nada malo con esto; es mejor ir a un lugar a comer donde las personas sean amigables, y créeme que cada vez que vayas a un lugar a comer te conviene que seas amigable con el que te atiende.

Placer

El segundo tipo de amistad está basada en el placer. Aunque este tipo de amistad se ve mucho más durante el tiempo de nuestra juventud está vigente en todas las edades. Esta relación es la que se basa en los momentos de disfrute relacionados con pasatiempos o actividades dirigidas al placer. Por ejemplo, son las amistades con las que se hace algún deporte o se va a fiestas con ellos.

Estas amistades suelen disolverse cuando los gustos de las personas cambian o ellas maduran. Hay algunas cosas que haces cuando eras joven y soltero, que ya no vuelves a hacer cuando te casas y tienes hijos. Simplemente cruzas ciertas etapas, y esas viejas amistades no te acompañan en estos nuevos momentos.

La amistad superior; buena y noble

El tercer tipo de amistad, que Aristóteles dice que es la superior, es la amistad de lo noble o lo bueno. Estas son las relaciones que transcienden los beneficios personales, y se busca realmente el bienestar de la otra persona. Pueden cambiar los gustos y las circunstancias económicas o sociales, pero la amistad permanece. Con esta simple descripción puede ser que pienses que estoy describiendo a un matrimonio o por lo menos así debería ser, pero la realidad es que esto es lo grande que veía Aristóteles en una amistad con estas características. Una amistad superior es aquello donde no hay otro interés que el bienestar de aquella persona a quien llamo mi amigo o amiga.

Todos debemos aspirar a tener y ser amigos de lo bueno o de lo noble, como le llama Aristóteles. El no reconocer que existen los otros tipos de amistad puede llevar a que a veces nos ilusionemos con las personas incorrectas y terminemos siendo heridos. Puede ser que en el pasado hayas tenido amigos que solo eran amigos de utilidad o de placer, pero llegaste a pensar que eran más que eso, para luego sufrir una desilusión. Ya cuando no los encuentras a tu lado te sientes traicionado, manipulado y usado. No quiero que vivas una vida a la defensiva para protegerte de las posibles heridas, pero tampoco debes vivir engañado.

Mis malas interpretaciones de las experiencias que he vivido me llevaron en un momento a no creer que era posible tener amigos de lo bueno. Vivía todo el tiempo a la defensiva, pero gracias a verdaderos amigos, como te compartí al comienzo, todo esto ha cambiado. En un momento dado de mi vida llegué a pensar que tenía que cuidarme de todas las personas que se acercaban a mí. Siempre recuerdo cuando mi padre me habló en una ocasión de su hermano mayor, mi tío, a quien nunca pude conocer porque lo mató su mejor amigo.

Mi padre me decía que mi tío no estuvo en buenos caminos y que siempre que llegaba a un lugar tenía la espalda contra la pared. De esa forma evitaba que le atacaran por la espalda. El día que murió fue en las manos de su mejor amigo y lo hizo de frente. Sucedió algo en el lugar donde se encontraban, su amigo se acercó con una cuchilla en la mano, y mi tío no se defendió pensando que era una broma, que no era en serio lo que estaba sucediendo. Su descuido le costó la vida. Es triste que no le pueda dar la espalda a nadie, pero tampoco pueda bajar mis defensas con los amigos que se acercan de frente.

Esa historia por mucho tiempo marcó mi mente y mi manera de pensar. Nunca he estado en malos caminos, pero de forma metafórica siempre estaba mirando por encima de mi hombro y a la defensiva hacia el que venía de frente. Me resulta curioso que, recientemente, una persona que hoy es un gran amigo y una de las personas más fieles con las que puedo contar, me dijo cuál fue la primera impresión que causé en él.

Mi amigo, Nelson Luquis, me cuenta que mientras él estaba de visita en el centro de Florida, donde yo viví por diez años, le dieron mi número de teléfono. Ambos pertenecemos al mismo grupo de pastores, y él me llamó y se presentó. Él me contó que lo primero que le dije fue: "¿Qué tú quieres?". Él se quedó asombrado porque aun mi tono de voz era molesto. Me respondió: "No, solo pasaba por aquí y quería visitarle y verle". Le volví a responder: "OK, pero ¿qué tú quieres?". Colgamos y él nunca entendió por qué yo le preguntaba qué era lo que él quería.

Aunque no recuerdo esa llamada, él sí la recuerda, y doy gracias que me dio una segunda oportunidad para llegar a ser mi amigo. No sé si yo le hubiera dado a él una segunda oportunidad en aquel momento, pero él me la dio y le estoy agradecido. Yo estaba tan a la defensiva, que solo pensaba que todo el mundo quería algo de mí. Sin darme cuenta estaba en modo de defensa constantemente. Me pongo a pensar a cuántas personas les hablé de la misma manera y no me dieron la oportunidad que mi amigo Nelson me dio.

La desilusión de las relaciones pasadas, las constantes críticas que recibió mi familia y las pérdidas financieras de esos tiempos me llevaron a vivir de esta manera. Muchas veces me encontré emocionalmente como mi tío, siempre con la espalda contra la pared, pero iba a evitar que me pasara lo que le pasó, así que siempre tenía mis defensas arriba para todo aquel que se acercara.

Amigos para todo

Es posible tener y, mejor aún, llegar a ser amigo de "lo bueno" para alguien. Quiero que comprendas cuán importante es el balance para posicionarte en el lugar correcto a nivel emocional. Te lo digo de forma muy simple: hay que tener amigos para todo. Muchas personas piensan que la palabra "amigo" solo se debe usar en unas pocas ocasiones, pero a mi entender no es así. Si seguimos por un momento la idea de Aristóteles, cada una de las relaciones que él presenta son importantes en algún momento de nuestras vidas, y está bien llamarles amigos aunque solo algunos lleguen a ser amigos "de lo bueno".

No está mal tener amigos de utilidad o amigos de placer mientras ambos estemos claros de que eso es lo que somos. Aun cuando a muchas personas no les gusta ver la amistad desde este punto de vista, la realidad es que la amistad de utilidad o placer es prácticamente un negocio. Hacemos negocios con alguien cuando o mientras nos conviene, para obtener un beneficio. Si dejamos de obtener beneficios, dejamos de hacer negocios con esa persona hasta la próxima vez que las condiciones sean atractivas para el beneficio de ambos.

Cuando las personas no tienen claro que ese es el tipo de amistad que las une, cometen el error de comenzar a manipular y a poner culpas innecesarias sobre otros. Tratamos de cambiar a las otras personas para que sean lo que no quieren o no pueden ser para nosotros. Tenlo bien claro: igual que en los negocios, el que obtiene beneficios quiere permanecer en la relación, aunque el otro no reciba nada. El que no obtiene beneficios, lógicamente se quiere separar. Quien no entiende las premisas, inicia grandes batallas emocionales que provocan heridas y destruyen la posibilidad de tener algún encuentro amigable en el futuro.

No creo que sea malo llamarles amigos a los amigos de utilidad o placer porque simplemente cumplan con esta función en nuestras vidas por un tiempo. Creo que el poder llamarles amigos crea el ambiente correcto para que en esas circunstancias específicas podamos sacar el mayor beneficio. Una de las lecciones más grandes que debemos aprender es a ser amigables con todo el mundo.

Una de las lecciones más grandes que debemos aprender es a ser amigables con todo el mundo.

Durante un tiempo practiqué el deporte de *Crossfit*. En el mismo se promueve un ambiente de comodidad y compañerismo muy interesante. Es una dinámica que no ocurre en los gimnasios regulares. A los gimnasios por lo general vas solo o con un amigo, pero el resto de las personas son desconocidas. En el *Crossfit* haces tus ejercicios en grupo y, por lo general, como vas a la misma hora, siempre los haces con el mismo grupo de personas. Llegas a ser amigo de ese grupo en particular, y ese ambiente hace que puedas disfrutar del momento de ejercicios mientras te retas un poco más para superar tus metas. Ese ambiente ha hecho que este deporte crezca vertiginosamente en muchos países del mundo.

El detalle está en que yo no puedo sentir la presión y no debo poner la presión sobre nadie para tener una relación más allá de la que podemos desarrollar en ese espacio de tiempo. No creo que sea necesario ponerle otro nombre a esa relación que no sea la de amigos. Algunos le llamarían conocidos, pero la verdad es que durante esa hora de ejercicios son mis amigos. Con alguno de ellos todavía tengo relación.

Lo interesante en cuanto a aquellos que no veo constantemente, es que cuando los encuentro siempre nos saludamos con una sonrisa y con un buen espíritu porque tenemos algo en común y compartimos buenos momentos. El error sería poner presión sobre ellos y sobre mí para llegar a ser algo más que no necesariamente tenemos que ser.

En todas las líneas de trabajo tenemos personas que estarán con nosotros por un tiempo hasta que reciban una mejor oferta u otra oportunidad. Lo mejor es ser amigables para que ambos obtengamos el mejor provecho el uno del otro, y cuando ya no sea eficiente o productivo para ambos, tomamos nuestro camino sin resentimientos ni malos recuerdos.

La evolución de un amigo

Creo que hay relaciones que comienzan siendo de utilidad o de placer, y pueden evolucionar hasta llegar a ser relaciones de lo bueno o lo noble. Hay algunas ideas que si las entendemos, nos ayudan a formar este tipo de relaciones.

✦ *Todavía existen personas buenas.*

Nunca pierdas la esperanza en la humanidad. Sé que en muchos momentos vemos, escuchamos o experimentamos momentos que pueden hacernos perder la fe en la raza humana, pero créeme que todavía existen personas buenas. El problema es que los que viven de forma errónea muchas veces reciben más exposición que aquellos que hacen el bien. Si vas por la vida sin entender esto, puedes correr el peligro de volverte una persona cínica e insensible. Una vez más te lo repito, todavía hay personas buenas; tú eres una de ellas.

✦ *Decide ser ese amigo para otro.*

Es importante que primero decidas ser ese amigo para alguien. En algunas ocasiones te sentirás que eres mejor amigo para alguien que lo que él lo es para ti, pero no hay problema. Una de tus misiones en esta tierra es dejarles saber a otros —perdona que lo repita otra vez— que todavía hay personas buenas. Cuando yo decido ser de los buenos amigos, de aquellos que no están buscando sacar provecho de otros, sino solo contribuir a sus vidas, Dios se encargará de traer a mi vida personas que harán lo mismo por mí. Atrévete a dar el primer paso.

+ *Toma tiempo.*

Estas relaciones evolucionan y se forman a través de los tiempos. Realmente no puedes saber si alguien es un amigo noble hasta que ves su reacción a las cosas que te pasan en la vida. Es el pasar del tiempo lo que te ayuda a descubrir a aquellos que realmente llegan a este nivel de amistad. Algunos llegarán en momentos especiales, otros comenzarán en un nivel primario de amistad, pero a través del tiempo verás su evolución al lado tuyo.

Es imposible demostrar nobleza hacia otros sin invertir nuestro tiempo.

No tan solo es importante que entiendas que toma tiempo descubrirlos y definirlos, sino que será necesario dedicar de tu tiempo. Es imposible demostrar nuestra nobleza hacia otros sin invertir uno de los recursos más importantes que tenemos, que es nuestro tiempo.

+ *La amistad no se obliga.*

Este tipo de relación no puede ser obligada o forzada. No puedo manipular a nadie a llegar a ser mi amigo. Aunque debe haber un deseo dentro de nuestras vidas y debemos tomar acciones para demostrar nuestra intención, la vida misma nos da las oportunidades correctas en los momentos precisos para que ocurra una buena amistad.

+ *Se hace a través del camino.*

Son las experiencias de la vida las que nos van uniendo y dando la oportunidad de demostrar nuestras verdaderas intenciones. Son los momentos altos y los momentos difíciles los que revelan el corazón de los que están a nuestro alrededor. Es el camino quien nos ayuda a identificar esos verdaderos amigos. Estos amigos de lo bueno o de lo noble, yo les llamo amigos del camino.

Es el camino quien nos ayuda a identificar esos verdaderos amigos.

+ *Tú no los escoges a ellos.*

Como te comenté en el primer capítulo, a veces le pides a Dios un milagro y él te envía un amigo. Creo que tú no siempre puedes escoger esos amigos buenos. La vida te los regala. Le pido a Dios que puedas algún día tener tu vida llena con muchos regalos, y que tú seas el regalo para la vida de alguien.

5

SIEMPRE AMIGABLE

"Si hay algo que he aprendido, es... que si uno va por el mundo con mirada amistosa, uno hace buenos amigos."
—Philip Gibbs

Es probable que hayas cometido, como yo, el error de haber juzgado a alguien sin darle la oportunidad de conocerlo. Peor aún, a veces no tenemos la oportunidad de conocer a alguien personalmente, pero la manera como pensamos de él o ella queda marcada en nuestras mentes. Por ejemplo, llegas a conclusiones acerca de los políticos solo por la proyección que tienen a través de las cámaras de televisión.

Es impresionante cómo en estos tiempos las personas ejercen el derecho de ir a votar a las urnas sin mirar la sustancia o el contenido de las propuestas de los candidatos. He escuchado a muchas personas decir que este o aquel candidato es tan hermoso, su sonrisa es especial, de la manera que habla se ve que es una persona confiable. La proyección de un candidato influye impresionantemente en la decisión de aquellos que los elegimos. Me incluyo porque quiera o no, también esto tiene una gran influencia en todos. No sé si esto te es preocupante o importante, pero para mí lo es por varias razones.

Si los votantes del país pueden tomar sus decisiones basándose en que un candidato se proyecta mejor que otro, ¿por qué no prestarle atención a la manera en que nos perciben a nosotros? Deseamos que las personas conozcan lo que hay en nuestro interior, pero no nos damos cuenta de que como nos proyectamos, les impide vernos como somos. ¿Cuántas personas se habrán ya perdido de conocer lo que hay dentro de ti, solo porque tu proyección no ha sido la mejor?

Algunos dirán que esto no debería ser así. Las personas no deberían juzgarte por cómo te ves; deberían darse la oportunidad de conocerte. La verdad es que somos nosotros los que les tenemos que dar esa oportunidad, y la manera como permitimos que nos persigan influye demasiado. En lo personal he tenido que aprender mucho en esta área. En muchas ocasiones, mi semblante no me ha hecho lucir asequible. Como te expliqué al comienzo del libro, vivía siempre a la defensiva.

Deseamos que las personas conozcan nuestro interior, pero no cuidamos cómo nos proyectamos.

¿Has visto algunas personas de otras culturas diferentes a la tuya, y su manera de interactuar te hace pensar que están peleando? Me refiero a cuando no entiendes el lenguaje de las personas, pero su tono de voz y algunos de los gestos te sugieren que la conversación no va por buen camino. En estos días mi esposa me comentaba que mientras estudiaba descubrió que para algunas culturas el hablar duro, como si para nosotros estuvieran peleando, es señal de ser honesto. Si no sabemos eso de antemano, la impresión que nos dan es que no podemos acercarnos a ellos o que son personas poco amigables.

Uno de los hombres más sabios del mundo dijo: *"El hombre que tiene amigos ha de mostrarse amigo".*[17] Si deseas más amigos, es vital que te proyectes de forma amigable ante los demás. Sé amigable incluso con las personas que no te gusten. El ser amigable abre las puertas para tener amigos, y tú no sabes de quién puedes llegar a ser amigo. ¿Qué tal si tu próximo amigo se convierte en presidente de una nación?

Para algunos no es fácil

No todos a quienes se les hace difícil tener amigos han tenido las mismas experiencias o malas interpretaciones que yo. Algunos tienen personalidades que les permiten ser mucho más sociables. Hay algunos que han pasado peores cosas de las que yo pasé y eso nunca les ha impedido ser personas amigables. Tienen un don especial; son siempre sociables, siempre amigables, son el alma de la fiesta y todo el mundo los conoce. Esto no quiere decir que tengan muchos amigos, pero definitivamente tienen más probabilidades de tenerlos porque su personalidad les abre las puertas.

---

17. Proverbios 18:24, RVR 60

No es que para conseguir amigos tengamos que convertirnos en personas que no somos. Es que para atraer amigos, debemos aprender a conducirnos amigablemente, aún sin dejar de ser como somos. Las sugerencias que te voy a dar no van intencionadas a que seas alguien que no eres, sino a que tengas ciertas herramientas a tu disposición para presentarte amigable.

> Debemos aprender a
> conducirnos amigablemente.

Vivimos en un mundo de redes sociales, pero nuestras habilidades sociales han disminuido. Me parece que han disminuido porque nuestras interacciones solo se basan en la conexión que hacemos a través de nuestros aparatos electrónicos. En una oficina o en una reunión no tienes manera de darle "like" electrónicamente a lo que los demás están diciendo o haciendo. No puedes reaccionar como si estuvieras mirando una foto. Se requiere estar totalmente involucrado en el momento y saber cómo responder apropiadamente. En ese momento, debes crear consciencia de tu personalidad y de tu lenguaje corporal para que proyecten interés y amabilidad.

Algunas personas se categorizan entre introvertidas o extrovertidas. Una persona extrovertida es altamente expresiva, disfruta de estar con personas, y no tiene miedo de llamar la atención. Por el contrario, una persona introvertida tiene mucho cuidado de dónde, cómo y con quién expresa sus emociones, y mientras más pase desapercibido, mejor.

Estos dos son extremos opuestos. Creo que la mayoría de las personas están en el medio de estos conceptos. No todos somos uno o lo otro, sino que muchas veces somos una combinación de ambos, donde uno de los dos aspectos tiende a dominar en ciertos momentos en particular. Hay muchas herramientas que puedes encontrar en la Internet para descubrir y analizar en qué lugar del espectro te encuentras.[18] Este conocimiento te puede ayudar a hacer las modificaciones necesarias para presentarte de la manera correcta. Definitivamente, la persona extrovertida tiene algunas ventajas para ser amigable. Su personalidad le ayuda, no le asegura, pero sí le abre puertas.

Los introvertidos tienen posibilidades también; solo se trata de modificar algunas cosas que les permita conectar mejor en los ambientes sociales. Una de las más grandes

---

18. Consulta en línea. https://www.psychologytoday.com/us/tests/ personality/extroversion-introversion-test; http://academiaconecta.com/test-introvertido-o-extrovertido/ Estos son solo dos tests, uno en inglés y otro en español. Puedes buscar otros disponibles.

ventajas que suele tener una persona introvertida es su capacidad de escuchar. Como no necesita llamar la atención, permite que otros se expresen a su alrededor. Todos necesitamos personas que nos puedan escuchar atentamente; aquellas en quienes podamos confiar y con quienes compartir nuestros grandes secretos. Una persona introvertida puede ser un gran amigo.

> Una de las más grandes ventajas que suele tener una persona introvertida es su capacidad de escuchar.

¿Qué es ser amigable?

Hay personas que se distinguen de las demás por su sonrisa amplia, sincera, acogedora, que les sirve de imán. Los que se acercan se sienten aceptados inmediatamente porque es una expresión genuina y auténtica que hace a los demás sentirse cómodos. No obstante, ser amigable es más que tener una buena sonrisa. Es algo que sale del interior de cada uno de nosotros. Tiene que venir de un deseo genuino de provocar que los que están a mi alrededor se sientan incluidos y cómodos.

La meta de ser amigable no es llegar a tener amigos, sino mostrarse amigo a los demás. Debemos estar seguros de que ese es nuestro propósito, para evitar confundirnos y entrar en el juego de la manipulación o de hacernos las víctimas para que las personas se nos acerquen y se queden a nuestro lado. Si en eso se basa mi sonrisa, entonces estoy usando una de las mejores herramientas que tengo, para hacer daño y no para bien.

Recuerda ciertos momentos en que has llegado a lugares donde algunas personas te han saludado de forma amigable. De repente el miedo que quizá tenías de estar en ese lugar rodeado de ese grupo de personas, se va disipando poco a poco. El momento y, más aun, el lugar, se vuelve ameno y agradable. De eso se trata. Para ser amigable, el enfoque debe ser qué voy a hacer para mejorar el día de cada persona que se acerque a mí. Me voy a proponer que los ambientes más difíciles y hostiles sean agradables y acogedores para todo el que llega. Por ejemplo, una aeromoza que es amigable puede hacer agradable un vuelo en un avión. Cuando esto no sucede, las horas que se pasan en este tubo de metal se vuelven interminables.

Hace un tiempo atrás, mi esposa y yo estábamos en un vuelo, y cuando salimos del avión me di cuenta que había perdido mi pasaporte. Se me había caído en el asiento, ya estaba fuera del avión y por regla no podía volver a entrar. Fueron momentos tensos y luego de que todos los pasajeros bajaron, salieron los encargados del vuelo. En otra ocasión, como ya me han pasado cosas similares, otros hubieran seguido de largo sin importar lo que me estaba sucediendo. Una de las aeromozas se detuvo y preguntó si todo estaba bien. Al contarle, muy amablemente, sin tener que pedírselo, entró a buscar el pasaporte.

> El enfoque debe ser qué voy a hacer para mejorar el día de cada persona que se acerque a mí.

Un documento perdido en un avión no es fácil de encontrar. Se mete entre las sillas o en alguna rendija, y se hace casi imposible encontrarlo. Luego de unos minutos, ella salió del avión con mi pasaporte en la mano. Salió con una sonrisa como que había logrado su cometido. Ya que éramos los últimos en salir, caminó con nosotros todo el trayecto hasta llegar a la sala de Inmigración. Mi esposa y yo hablamos con la aeromoza y su asociado hasta de nuestras familias. Un momento difícil se convirtió en un momento agradable debido a una persona amigable.

Si alguien se ha mostrado así en tu vida y ha hecho mejor tu mundo al menos por un instante, proponte hacer lo mismo con otros, no importa como sea tu personalidad.

Recuerdo otra ocasión donde nos ocurrió todo lo contrario. Por lo general viajo con mi esposa, y algunas veces, cuando pedimos ascenso a clase ejecutiva, nos tocan asientos separados. Como estamos en una lista de espera no podemos escoger nuestros asientos, sino que nos asignan de los que sobran, así que en la mayoría de los casos nos toca separados. Cuando esto sucede, tratamos de pedirles a las personas que están cerca de nosotros el favor de intercambiar los asientos para que nos podamos sentar juntos. En ocasiones, personas que nos ven sentarnos separados nos ofrecen cambiar de asiento con nosotros. Esto nos evita pedir el favor, lo cual es un poco complicado porque cada pasajero tiene su preferencia de dónde sentarse.

Recuerdo a este hombre que llegó, y aunque dimos todas las señales de humo posibles para que supiera que éramos pareja y nos estábamos sentando separados, él no hizo ningún gesto. No me quedó más remedio que pedirle si era posible el cambio. ¡Para qué fue eso! Fue como si le hubiera pedido que me donara su hígado. Su respuesta fue una sumamente desagradable.

En otros momentos me han dicho que no y cada cual está en su derecho, pero creo que hay que saber decir que no. Ahora, yo estaba enfadado y el vuelo fue un desastre para todo el que vio la actitud de esta persona. Un simple "no, caballero, prefiero este lugar" hubiera sido suficiente.

Mi esposa y yo, avergonzados solo por pedir, bajamos la cabeza y no dijimos más nada en el vuelo.

Varios días después nos encontramos en otro lugar con este "caballero", si se le podía llamar así. Para colmo nos tocó montarnos en el mismo elevador. El rostro suyo cambió y fue uno como de vergüenza al vernos. No sé si los otros que estaban en el mismo elevador lo sintieron, pero para mí el viaje en el elevador fue tan largo como el vuelo de avión. En mi interior decía: "Si con este hombre tengo que hacer un negocio y lo veo entrar, me levanto de la mesa y le digo: '¿Se acuerda de aquel vuelo donde usted me dijo esto y aquello? Si usted no fue capaz de ser cortés al decir que no, yo no puedo hacer negocios con usted'". Esto no sucedió, pero en verdad me hubiera gustado que pasara, tan solo por verle la cara. Por supuesto, le hubiera dicho que no de forma amigable.

Ser amigable requiere que seas proactivo; que salgas de tus espacios para hacer que los espacios en los que otros se mueven sean mejores. Es tener la confianza interna de que podemos hacer la diferencia en la vida de los demás.

En los tiempos que vivimos donde tenemos acceso a tantas influencias negativas, se requieren más personas que hagan de aviones o elevadores, lugares más agradables. No todos con los que somos amigables se convertirán en amigos, pero le podemos cambiar la vida a cualquiera comenzando con la nuestra, con solo ser amigables.

Uno de los pensamientos que hace que no seamos amigables es pensar que si soy amigable con todos, aun con aquellos de quienes difiero, estoy aprobando lo que todos piensan o hacen. Este es un grave error. Incluso con nuestros adversarios es importante ser amigables. La oportunidad de mantener cerca a una persona por causa de mi amabilidad, cordialidad y respeto, me brinda la oportunidad de influenciarla en algún futuro.

Las personas amigables ven a los demás
como grandes oportunidades
y no como amenazas.

Las personas amigables ven a los demás como grandes oportunidades y no como amenazas. Por lo tanto, así promovemos que todos bajemos nuestras defensas y que sepamos que hay más personas con buenas intenciones que aquellas que no son así. Los pensamientos siguientes te darán la confianza de interactuar con más personas, y ver grandes resultados.

Muéstrate amigo

Hay varias cosas con las que puedes trabajar fácilmente para asegurarte que dondequiera que vayas puedas mostrarte amigable.

1. *Toma la iniciativa*

No puedes esperar que otros se acerquen a ti y hagan el primer gesto para conectar con ellos. El mero hecho de quedarte esperando en una esquina de algún lugar envía la señal incorrecta. Sé que es un poco complicado al principio, pero debes tomar la iniciativa y ser proactivo en acercarte a las personas. Vence el miedo al rechazo por un momento, y atrévete aunque sea a hacer el contacto inicial con los que te rodean.

2. *Saluda a todas las personas*

Una de las cosas más importantes es aprender a saludar a todos lo que están a tu alrededor. Si no puedes acercarte a todos, al menos haz contacto visual con los que te rodean. Cuando mires a las personas, sonríe y asiente con tu cabeza el hecho de que las viste, aunque no sepas quiénes son. Este pequeño gesto te hará más asequible y facilitará el contacto directo con esta persona.

3. No menosprecies a nadie

Es probable que sepas cómo te sientes si esto te pasa, así que no lo hagas a nadie. Cuando te acerques a alguna persona, o alguien se acerque a ti, muestra un deseo genuino de conocer a la persona y entrar en contacto con ella. Aunque sea por unos momentos, presta atención y mantén el contacto visual. Es importante que si el contacto es breve, tengas cuidado de las expresiones faciales y físicas que haces luego de terminar el contacto. No sé si te ha pasado que alguien a quien intentas conocer, luego de que está en contacto contigo, mira a alguien que está a su lado y hace algún gesto de menosprecio hacia tu persona. Si algo he aprendido, es a nunca menospreciar a alguien, nunca. Tú no sabes dónde te lo vas a volver a encontrar ni en qué posición estará.

4. Aprende el nombre y llama por su nombre a la persona desde que la conoces

Una de las cosas más importantes que aprendí en el libro de *Cómo ganar amigos e influir sobre las personas,* de Dale Carnegie, es que el nombre de una persona es lo más importante para ella. Cuando te diriges a una persona, pregúntale su nombre y mientras conversas, trata de repetirlo. Si no captas el nombre inmediatamente, pídele que te lo repita demostrando interés e incluso comenta que quieres retener el nombre en tu memoria. Si quieres que sea algo más formal o si el momento lo amerita, utiliza el apellido y el título de la persona con la que estás interactuando.

5. *Aprende el arte de decir cumplidos*

Por favor, los cumplidos deben ser genuinos, pero tienes que decirlos. Busca en la persona o en la conversación algo por lo cual elogiar. Dentro de la conversación a lo mejor compartieron algún detalle que merece un comentario de aprobación o admiración. Ese pequeño elogio hace una gran diferencia porque permite que la persona se sienta cómoda contigo.

6. *Ten cuidado con lo que dices de ti*

El hablar demasiado sobre ti desagrada a los que están a tu alrededor. Me refiero a cuando hablas de ti todo el tiempo y de todo lo que has alcanzado. No trates de impresionar diciendo todo lo que conoces o sabes.

Más aun, no hagas alarde de las personas que conoces. Esto en inglés se llama "name dropping"; cuando una persona menciona todos los nombres de los que conoce solo para impresionar a los demás. Esto es de mal gusto y, peor aún, hace que las personas desconfíen de ti. Si usas el nombre de otros para impresionarlos, ellos pensarán que también usarás el de ellos para impresionar a otros.

7. *Haz preguntas*

El hacer preguntas te da la oportunidad de conocer lo que otros piensan y te permite darles a los demás la confianza para que se expresen. Demuestra tu interés genuino en las personas, preguntándoles sobre ellas y creando conversaciones alrededor de sus vidas y sus intereses. Hacer preguntas abre un mundo de posibilidades, y las personas lo ven como una señal de que te interesa conocerlas y saber cómo piensan. Sé balanceado en la preguntas y no te permitas que sean inapropiadas; ten en cuenta que hacerlo de forma correcta te abrirá las puertas de las relaciones.

Uno de los beneficios más grandes de hacer preguntas es que podrás descubrir áreas en las que tienen intereses comunes o piensan de manera similar. Estos detalles permiten una mejor interacción y crean conexiones.

8. *Mira a los ojos*

Cuando converses con alguien, míralo a los ojos mientras le hablas y te habla. No hay nada más desagradable y que luzca más descortés que conversar con alguien que está mirando a todos lados menos a ti, saludando de lejos a otras personas o mirando quién está o quién llegó, si es un evento social. Si no es una situación social, mirar a todos lados menos a la persona que te habla, demuestra el poco o ningún interés que tienes en lo que te está diciendo. Mira a quien te está hablando y concéntrate en esa conversación. Brindar toda tu atención a quien te habla, es signo de cortesía y de interés.

9. *Conoce de todo un poco*

No tienes que ser experto en la vida, pero por lo menos debes estar al tanto de todo lo que puedas. Vuélvete un estudioso y trata de conocer lo básico de todo lo que te sea posible. Debes estar al tanto de todo lo que está pasando en el mundo. Los temas de actualidad, estés de acuerdo o no, son buenos puntos de conversación. El ignorar todas las cosas más relevantes que están pasando te pone en una mala posición. Te hace ver como una persona aislada y separada.

Aprende a tener una mente abierta para todos los temas que les pueden interesar a los demás. A veces nos encerramos en nuestra manera de pensar, de forma tal que creamos barreras.

10. *Verifica tu lenguaje corporal y tu postura*

Se sabe que el mensaje que enviamos cuando hablamos, incluye un 10% de lenguaje hablado y un 90 % de lenguaje corporal. Ten mucho cuidado con tu tono de voz y con las expresiones corporales. Estas hablan más de lo que estás pensando que lo que estás diciendo. Si no existe congruencia entre las dos cosas, transmitirás hipocresía o engaño. Tu postura le dice a la persona, inconscientemente, si le estás prestando atención o si no te interesan ni la persona ni sus palabras. Le dice también si eres difícil de abordar o si puede alcanzarte para considerar una relación de amistad. Si alguien hace algún comentario jocoso, por lo menos que saque una sonrisa de tus labios. Cuídate de dónde pones tus brazos, y ten mucho cuidado con no invadir el espacio personal de otros al punto que los hagas sentir incómodos.

11. *Expresa lo que sientes*

Las personas aprecian cuando eres genuino en tus sentimientos. Puede ser que no estén de acuerdo contigo, pero cuando pueden ver que eres capaz de transmitir tus emociones, te aceptan y te respetan. Las personas buscan autenticidad hasta en la proyección de los profesionales en la televisión.

12. *Busca múltiples oportunidades para encontrarte con la misma persona*

Ocuparte de buscar a una persona demuestra tu deseo de compartir con ella, y cuán valiosa la consideras. A veces las personas menosprecian los pequeños momentos cuando hacemos notar a los demás que aquí estamos para ellos. Nuestras agendas están sumamente comprometidas, pero cuando la persona ve el esfuerzo que hacemos por verla, eso tiene un gran significado para la amistad.

13. *Apaga los aparatos electrónicos*

Una de las bendiciones más grandes que tenemos hoy en día es la tecnología, pero para nuestras relaciones puede ser uno de los peores enemigos. Cuando estamos en encuentros frente a frente, es importante prestar toda mi atención a lo que está sucediendo a mi alrededor. Nuestra atención debe estar enfocada en la persona con la que estamos compartiendo. Las constantes interrupciones y distracciones que nos traen los aparatos electrónicos hacen que no sea efectivo el poco tiempo que tenemos para construir una amistad.

14. *No busques ser el centro de atención cuando interactúas*

Procura no acaparar la atención ni el tiempo cuando conversas con otra persona o interactúas en un grupo. Las interacciones deben ocurrir de manera balanceada entre todos los presentes en una conversación. Enfoca tu interés en la otra persona; no en ti mismo. Más bien, hazle preguntas pertinentes que despierten su interés en conversar, y sé un oidor; no un hablador. Aprovecha para conocer a la persona, y te ayudarás a saber si es una persona de quien te interese ser amigo o que sea tu amigo. Cuando llegue tu momento de hablar, intervén con ánimo, siendo breve en las respuestas y los comentarios. Las personas buscan quien las escuche; les huyen a quienes solo saben hablar de sí mismos.

6

CÓMO SE DESARROLLA
UNA AMISTAD

"Decir amistad es decir entendimiento cabal, confianza
rápida y larga memoria; es decir, fidelidad".
—Gabriela Mistral

Muchas veces pedimos a Dios un milagro y Dios
nos envía a un amigo. Así comenzó este libro y es una
de las premisas más importantes para todo lo que

comparto aquí. Esto no quiere decir que no hay que poner esfuerzo y dedicación para el desarrollo de una amistad. No pienses que una amistad solo pasa porque pasa. Si pensamos que tener buenos amigos es algo que va a suceder por sí solo, no aceptamos la responsabilidad necesaria para que esto suceda. Dios puede enviarte un gran amigo, pero si no desarrollas esa amistad, nada pasará.

A veces me parece que las personas aprovechan esa idea incorrecta para justificar la cantidad o calidad de amigos que tienen, cuando probablemente no han hecho su mayor esfuerzo.

Nuestros primeros amigos se nos imponen; cuando crecemos, los escogemos; pero cuando maduramos, los construimos. Te explico por qué digo esto. En el momento que escribo este libro están anunciando una versión de la famosa película animada "Toy Story", una de las pocas películas animadas que he disfrutado ver. Tiene una trama atrayente con la que cada uno de nosotros podemos identificarnos; muestra el desarrollo y los cambios que ocurren en las relaciones cuando las circunstancias o las personas van cambiando.

Woody, el personaje principal, se siente traicionado por su dueño porque trae al grupo de juguetes uno nuevo con el que pasa mucho más tiempo. Buzz Lightyear, el nuevo juguete, está ajeno a la situación y simplemente se dedica a ser como es. Woody tiene grandes conflictos, pero logra vencerlos poco a poco. La película muestra cómo las relaciones van cambiando a través de los tiempos. Algunas permanecen, otros desaparecen, y otras crecen.

Nuestros primeros amigos se nos imponen; cuando crecemos, los escogemos; pero cuando maduramos, los construimos.

A Woody le fue impuesto el tener que relacionarse con Buzz Lightyear. No fue su decisión; si por él hubiera sido, no hubiera existido tal problema. No le quedó más remedio por un tiempo que lidiar con la situación, pero observamos cómo las experiencias vividas en común los van compenetrando más y más. Si no has visto esta película, te recomiendo que lo hagas, y verás las altas y bajas emocionales que todos experimentamos con nuestras relaciones.

Te comenté que nuestros primeros amigos se nos imponen y es porque nuestros padres escogen con quiénes ellos se relacionan y, por consecuencia, con quiénes nos relacionamos nosotros y a cuál escuela vamos. Ellos seleccionan las actividades infantiles que realizaremos y allí nos encontraremos con un grupo de personas con las que no nos queda más remedio que interactuar. No lo digo de mala manera; ojalá todos fuéramos como niños, que cuando somos puestos en un lugar rodeado de personas que no conocemos, decidimos pasarla bien como quiera.

Cuando vamos creciendo, comenzamos a seleccionar amigos basándonos en nuestros gustos e intereses. Me parece que estas etapas son fáciles porque la mayoría de las opciones son limitadas, pero cuando crecemos y nos convertimos en adultos, todo cambia. Ahora hemos madurado, nuestro tiempo está comprometido, tenemos problemas, debemos cuidar de otros, y mucho más. Pero no tenemos amigos.

Recuerda por un momento que a tus primeros amigos los formaste porque tenías que compartir con ellos todos los días en el salón de clases. Entraban juntos al colegio o la escuela, iban juntos al recreo, tenían que hacer proyectos juntos y salían de giras en los mismos momentos. Tenías que hacerlos amigos por obligación o no hubieras podido disfrutar de ninguna de esas experiencias. Ya cuando eres adolescente las cosas cambian. Ahora eres consciente de quién eres y los gustos que tienes. Por lo tanto, solo mantienes algunos amigos porque están en el mismo colegio contigo, y solo dedicas tiempo fuera de las horas de escuela, y aun dentro de la misma escuela, con aquellos con quienes te sientes más cómodo.

Ya cuando sales a la universidad y luego al trabajo, hay personas con las que tomas clases o trabajas en el mismo lugar. Muchos otros elementos internos y externos han cambiado, y esto hace necesario que tomes la determinación y la responsabilidad de crear amistades verdaderas.

Los primeros dos escenarios básicos que te he mostrado nos muestran algunos elementos que ahora tienen que ser creados por aquellos que desean tener buenos amigos. No podemos menospreciar esas etapas, sino aprender los principios básicos de las mismas y aplicarlos a las nuevas temporadas de nuestras vidas. A estos tenemos que añadirle madurez y compromiso.

Cuando somos niños

Todavía tengo la oportunidad de llevar a mis niñas más pequeñas a la escuela todos los días. Cada mañana es una nueva experiencia, y entre el momento de levantarlas de la cama, vestirlas y conducir hacia su colegio ocurren decenas de emociones y de ideas. Una sola cosa sí te puedo decir: cada una de ellas mira todos los días como una nueva aventura. No pueden esperar para llegar y contarle a alguno de sus amigos lo que vieron en la televisión o lo que van a ver en los próximos días. Cada invitación a celebrar un cumpleaños es un compromiso que tenemos que anotar y estar pendientes para no faltar. El mero hecho de que alguno de nosotros pueda asistir a algunos de esos cumpleaños lo hace todavía más especial para ellas. Cada vez que hay una actividad en la escuela, donde tienen que vestirse de alguna manera particular, es todo un evento que requiere todo un tiempo de preparación.

Recuerdo una vez cómo Jenibelle reaccionó cuando llegué a su salón de clases con la comida que había prometido, pero no había llevado. Ella se había comprometido en llevar a su salón unos famosos sándwiches o emparedados de mezcla. Perdón para los que no son puertorriqueños, pero no sabría cómo explicar lo que es, solo que son dos panes con una mezcla especial que hacemos los puertorriqueños. Toda buena fiesta de niños tiene que tener sándwiches o emparedados de mezcla.

Esa mañana, con la prisa, salimos de casa y los dejamos en el refrigerador. Por la tarde, cuando llegó el momento de la fiesta, ella se dio cuenta de que no los tenía y me llamó con un sentido de emergencia impresionante. Para su bendición yo tenía la oportunidad de buscarlos y llevárselos a la escuela. Llegué a casa, busqué los emparedados de mezcla y regresé. Su abuela, para resolverle el problema, le había comprado helados y donas, y los dos llegamos al mismo tiempo. Nunca se me olvidará cuando su abuela y yo tocamos a la puerta del salón y la enviamos a buscar. Le entregamos todo lo que habíamos traído, y su cara valía un millón de dólares. Desde la puerta ella dijo en voz alta: "Bueno, muchachos, llegó lo que esperábamos". Y caminó hacia el frente con las manos llenas y su rostro en alto porque había salvado la fiesta.

Si no sales cada mañana con un sentido de aventura, no tendrás el espíritu correcto para atraer las mejores experiencias.

Igual que los niños, debemos tener un sentido de aventura. Cada día hay algo nuevo que aprender y experimentar con nuestros amigos. Si algo podemos aprender de esos momentos donde estamos confinados a un espacio y horario, es que nuestra actitud tiene que ser la mejor para poder pasar bien el tiempo. Si no sales cada mañana con un sentido de aventura, no tendrás el espíritu correcto para atraer las mejores experiencias.

No te puedo negar que mis hijas han llegado a casa llorando porque alguien les dijo algo o tuvieron algún problema, pero cada mañana es un nuevo día para comenzar otra vez.

En la adolescencia

Los adolescentes tienen que comenzar a elegir con quiénes invertirán más tiempo y con quiénes tendrán experiencias fuera de los horarios del colegio. En esta edad no obligan a los padres a ir a una fiesta de cumpleaños en particular, sino que cada hijo hace su propia agenda. Lo importante es ser conscientes de que aunque tengamos nuestras preferencias acerca de con quién invertiremos nuestro tiempo fuera del colegio, debemos ser amigables con todo el mundo. Como te mencioné en capítulos anteriores, ese fue mi grave error en mi juventud, de lo cual me arrepiento.

Ahora creo que lo más importante que debemos aprender de estos periodos es que podemos escoger. Aunque debemos ser amigables con todo el mundo, no estamos obligados a invertir todo nuestro tiempo con todo el mundo. Nuestras preferencias y estilos deben ser respetados. Por lo tanto, está bien el desarrollar amistades basándome en mis preferencias y no únicamente en lo que me ha sido impuesto. No estoy obligado a tener una amistad profunda con aquellos que me rodean, sino con los que escojo tenerla.

Qué hacer para tener amigos

Hay una gran diferencia entre hacer y ser. Sé que la prioridad debe ser el ser y no el hacer, pero si no creamos las circunstancias donde podemos tener amigos, de nada nos sirve lo que somos. En el próximo capítulo te enseñaré algunas características y pensamientos que debes tener en tu interior para desarrollar buenas amistades. Dios creó primero el huerto del Edén antes de crear a Adán. Podemos pensar que lo más importante era Adán, pero sin un huerto donde ponerlo, de nada hubiera servido. De la misma manera, piensa en qué amigo eres y qué clase de amigo quieres ser, y crea el ambiente para que puedas serlo.

Para crear ese ambiente propicio para ser amigos, necesitamos considerar los siguientes factores:

1. Dedicar tiempo

Es imposible crear amistades sin la inversión de tiempo y a través del tiempo. Según observamos en los ejemplos anteriores, estamos obligados a un ambiente por un periodo de tiempo específico. Cuando éramos niños y adolescentes, pasábamos por lo menos ocho horas rodeados de las mismas personas. En el trabajo nos pasa lo mismo. Como adultos, lo que hacemos con el resto del tiempo fuera de nuestro trabajo determina la clase y la calidad de amigos que tenemos. El reto es que nos sobra poco tiempo luego de trabajar, y tenemos que elegir correctamente.

Estás obligado a ser amigable con todos en tu trabajo. Si no lo haces, tendrás una tortura todos los días. Pero cuando terminas tu jornada, es tu decisión con quién inviertes tu tiempo. Esto quiere decir que tienes que hacerlo una prioridad de tu vida.

2. *Establecer rutina*

La palabra rutina a veces tiene una connotación negativa o aburrida, pero sin una rutina no se pueden cultivar grandes amigos. Cuando me refiero a una rutina es que debemos agendar momentos preestablecidos y consistentes para contactar y compartir con los amigos. Siempre que se quiere cimentar una relación, debemos dedicar tiempo intencional. Piensa que cuando quieres hacer negocios con alguien, haces unas citas específicas y no fallas en asistir. Eso exactamente es lo que tienes que hacer para cultivar y desarrollar buenas amistades.

Hay ciertas fechas en mi calendario que separo con anticipación para estar con mis amigos. Hago mi agenda anual basada en los momentos que ya están establecidos para encontrarnos. Por causa de la distancia, podrían ser pocos momentos en el año, pero son significativos y muy importantes. Mi esposa y yo adoramos esos momentos. Cuando por alguna razón u otra no podemos llegar a encontrarnos, sentimos que algo nos falta, y buscamos compensar ese tiempo.

Debemos agendar momentos preestablecidos y consistentes para contactar y compartir con los amigos.

Durante las semanas tengo momentos que ya están separados para crear estar relaciones con personas más cercanas en nuestras vidas. Ya muchas personas de nuestro entorno, como nuestra familia, han aprendido a respetar estos espacios.

La tecnología nos permite mantener un contacto constante y debemos sacarle el mayor provecho. La consistencia en nuestra comunicación por estos medios, aunque sea solo para decir "hola", mantiene abiertos esos canales de comunicación. Puede sonar robótico o automático lo que estoy diciendo, pero la verdad es que se requiere este tipo de esfuerzo y consistencia para que las relaciones maduren y perduren.

3. Compartir lugares y experiencias

Los lugares determinan las experiencias que tenemos, y las experiencias que tenemos construyen nuestras memorias. De acuerdo con las experiencias que nuestros amigos y nosotros queremos compartir, escogemos lo lugares que visitamos. Por ejemplo, anualmente, organizamos un grupo de amigos y decidimos encontrarnos en un lugar específico en cierta fecha, para tomar vacaciones en conjunto. Con meses de anticipación comenzamos a escribirnos y a hacer los arreglos. Alquilamos casas en el mismo lugar y todas las familias compartimos. Durante el día hacemos actividades en conjunto, pero con la libertad de que cada uno pueda disfrutar actividades de su preferencia. Por las noches siempre buscamos encontrarnos.

Los lugares determinan las experiencias que tenemos, y las experiencias que tenemos construyen nuestras memorias.

Compartimos en parejas, nuestros hijos se conocen y disfrutan grandes experiencias, degustamos comidas de diferentes nacionalidades, jugamos diferentes juegos de mesa o sencillamente la pasamos juntos.

4. Continuar haciendo amigos

Debe ser nuestra prioridad no tan solo mantener las viejas relaciones que ya hemos podido crear, sino, al mismo tiempo, buscar nuevas amistades. Entre mis amigos no todo es perfecto, y a veces algunos se mueven a otras relaciones y experiencias. Eso no es malo; las preferencias en estilos de vida cambian. Sin embargo, algo te puedo asegurar con todos aquellos que hemos creado este tipo de experiencias: sabemos que podemos contar con ellos siempre. Quizás no compartimos con la consistencia que lo hacíamos, pero los momentos vividos no se olvidan y esos amigos solo están tan lejos como a una llamada telefónica.

Nunca dejes de hacer nuevos amigos. Tu vida será diferente cuando haces de esto tu prioridad.

Por esa razón, todos siempre estamos en búsqueda de nuevos amigos a los que podamos añadir a nuestro grupo. Los invitamos a que sean parte de los lugares y las experiencias que compartimos, y así podemos cultivar nuevas relaciones.

7

SER EL AMIGO QUE TODOS QUIEREN CONOCER

"Si quieres hallar en cualquier lado amistad, dulzura y
poesía, llévalas contigo."
—Georges Duhamel

En una ocasión escuché decir: "No estés tan preo-
cupado en conocer más personas; logra ser alguien que
las personas quieran conocer". He leído muchas buenas

ideas acerca de cómo tener amigos, y tienen un grado de validez. Pero la verdad es que no importa únicamente lo que hagamos para ganar amigos. Si nosotros mismos no somos lo que realmente define el ser amigo, nuestras acciones no tendrán resultados.

En el listado de las cosas que podemos hacer para tener amigos, se nos dice que podemos ser voluntarios en un lugar de beneficencia. Según esta idea, entrar en estos círculos nos abre la oportunidad de encontrar nuevas amistades.

Pienso que si me uno a un grupo de voluntariado con el solo objetivo de encontrar amigos, la intención contamina la acción. La razón para unirme a un grupo como este debe ser porque creo en la causa y su propósito, y quiero servir y colaborar. Al unirme a la causa tendré posibilidades de interactuar con otras personas con quienes tengo intereses en común, y esto abrirá la posibilidad de tener buenas y nuevas amistades. Entonces mi intención es genuina y el resultado de aumentar mi círculo de amistades es colateral.

Hay una historia en la Biblia de la cual se han predicado muchos sermones, conocida como la parábola o historia del hijo pródigo. Se encuentra en el libro de Lucas 15:11-26.

También dijo: Un hombre tenía dos hijos; y el menor de ellos dijo a su padre: Padre, dame la parte de los bienes que me corresponde; y les repartió los bienes. No muchos días después, juntándolo todo el hijo menor, se fue lejos a una provincia apartada; y allí desperdició sus bienes viviendo perdidamente. Y cuando todo lo hubo malgastado, vino una gran hambre en aquella provincia, y comenzó a faltarle. Y fue y se arrimó a uno de los ciudadanos de aquella tierra, el cual le envió a su hacienda para que apacentase cerdos. Y deseaba llenar su vientre de las algarrobas que comían los cerdos, pero nadie le daba. Y volviendo en sí, dijo: ¡Cuántos jornaleros en casa de mi padre tienen abundancia de pan, y yo aquí perezco de hambre! Me levantaré e iré a mi padre, y le diré: Padre, he pecado contra el cielo y contra ti. Ya no soy digno de ser llamado tu hijo; hazme como a uno de tus jornaleros. Y levantándose, vino a su padre. Y cuando aún estaba lejos, lo vio su padre, y fue movido a misericordia, y corrió, y se echó sobre su cuello, y le besó. Y el hijo le dijo: Padre, he pecado contra el cielo y contra ti, y ya no soy digno de ser llamado tu hijo. Pero el padre dijo a sus siervos: Sacad el mejor vestido, y vestidle; y poned un anillo en su mano, y calzado en sus pies. Y traed el becerro gordo y matadlo, y comamos y hagamos fiesta; porque este mi hijo muerto era, y ha

revivido; se había perdido, y es hallado. Y comen-
zaron a regocijarse. Y su hijo mayor estaba en el
campo; y cuando vino, y llegó cerca de la casa, oyó
la música y las danzas; y llamando a uno de los
criados, le preguntó qué era aquello.

La esencia de esta historia es el amor del padre, que es capaz de perdonar a ese hijo que había desperdiciado todas las cosas. Ahora: hay unos detalles muy importantes que no todos ven.

Primero, a este joven le tomó un tiempo darse cuenta del valor de la relación que tenía con su padre. Por la razón que fuera, él había entendido que le iría mejor si se alejaba del círculo familiar. Quizá su orgullo o el deseo de disfrutar de las cosas de la vida lo llevaron a pensar de esta manera, y tomó la decisión de separarse de sus seres queridos e irse a experimentar. Cuando entendió lo importante de esa relación, decidió regresar y la historia tomó un nuevo giro. Al regresar no tan solo recibió el perdón, sino que también recibió el derecho de disfrutar de todas las cosas de su padre.

A mi entender, una de las piezas clave de esta historia se encuentra en ver detenidamente la conversación de este joven con su padre. Hay ciertas palabras que nos brindan la clave del estado emocional que provocó primero la salida de su casa, que tuvo por consecuencia perderlo todo, y luego su regreso, donde recuperó no tan solo la relación, sino también todos sus derechos.

Si vuelves a leer la historia detenidamente, te darás cuenta que la primera vez que el joven habló con su padre su petición fue: "Dame la herencia". La actitud fue que le dieran lo que le pertenecía. Era el deseo de obtener algo de esa relación, sacar un provecho inmediato y luego desentenderse. Cuando se encontró perdido, se dio cuenta de que debía regresar a su casa con una actitud diferente. Si observas bien la historia, verás que la idea que él tuvo fue de decirle a su padre las siguientes palabras:

> *Y volviendo en sí, dijo: ¡Cuántos jornaleros en casa de mi padre tienen abundancia de pan, y yo aquí perezco de hambre! Me levantaré e iré a mi padre, y le diré: Padre, he pecado contra el cielo y contra ti. Ya no soy digno de ser llamado tu hijo; hazme como a uno de tus jornaleros. Y levantándose, vino a su padre.* (Lucas 15: 17-20)

La actitud no era de "dame", sino de "hazme". La palabra "hazme" demuestra un grado de transformación en la vida de este joven.

Ahora el énfasis no era en el *tener*, sino en el *ser*. Ya no era lo que podía obtener de esa relación, sino lo que tenía que ser para poder mantener la relación. He leído buenas ideas acerca de lo que tenemos que hacer para ganar nuevos y mejores amigos, pero si el enfoque es en lo que voy a obtener y lo que tengo que hacer, los resultados serán temporeros. Recuerda: no te preocupes tanto en conocer personas; conviértete en una persona que todos quieran conocer. En vez de tan solo buscar amigos, conviértete en el amigo que todos quieren tener, y te prometo que los amigos no escasearán.

No te preocupes tanto en conocer personas; conviértete en una persona que todos quieran conocer.

Para que nuestras acciones sean efectivas, tienen que ser genuinas y con intenciones correctas. Esto se puede lograr si en nuestro interior tenemos el carácter necesario. En la historia que acabamos de leer entendemos que carecer de carácter hace que lo que tengamos sea temporero. Si somos lo que tenemos que ser y apreciamos el poder de las relaciones que son importantes en nuestras vidas, podemos ser sanos y salir de las circunstancias en las que hemos caído.

Las siguientes cualidades distinguen a los verdaderos amigos. Son necesarias para que nos convirtamos en los mejores amigos para otros, y deben nacer de un anhelo genuino de ser para otros lo que deseamos que otros sean para nosotros; de que la vida de otros sea mejor porque tienen cerca a alguien a quien pueden llamar amigo.

1. Son positivos

Es imposible presentarme como un gran amigo si mi actitud ante la vida es negativa. Nadie quiere estar con personas que son negativas y que solo miran los lados oscuros de todo.

En una ocasión un joven entró a la sala de un hospital, y por la condición que tenía tuvo que ser admitido. A este joven lo ubicaron en un cuarto con otra persona que él no conocía. El joven se encontraba molesto por lo que le estaba ocurriendo, y para colmo le tocó en el lado de la habitación donde no había una ventana que le permitiera mirar hacia fuera de aquel frío cuarto.

Al lado de la única ventana se encontraba este hombre desconocido que comenzó a ponerle conversación. El caballero comenzó a describirle lo que él veía por la ventana. Comenzó a describirle lo hermoso del paisaje y las personas que paseaban por el parque. Cuando el joven comenzó a escuchar todas estas descripciones calmó sus emociones poco a poco, y sin darse cuenta su estado de ánimo había cambiado. Ahora sentía un poco de paz y tranquilidad.

Cuando el joven despertó al otro día, se dio cuenta que el compañero desconocido no se encontraba en la habitación. Tan pronto la enfermera llegó a su cuarto el joven preguntó por su compañero y recibió la triste noticia de que había fallecido. Rápidamente el joven pidió que su cama fuera movida para la ventana para poder observar el paisaje que le habían descrito. Al acercarse a la misma, se dio cuenta de que la realidad era otra. Por la ventana solo se podía observar un oscuro callejón donde lo único que había era un gran contenedor de basura. El joven no podía creer lo que estaba observando y cuestionó a la enfermera acerca del asunto. Para la sorpresa del joven, el caballero era ciego; lo que le había descrito no era lo que veía con sus ojos, sino con su corazón.

Una persona positiva es aquella que es capaz de esperar siempre lo mejor de la vida. Esto no quiere decir

que no es consciente de las situaciones y los problemas, sino que sabe replantear las cosas para sacar el
mayor provecho de cada situación. Cuando tenemos un
amigo positivo, esta persona nos ayuda a mirar las cosas
desde otra perspectiva y a encontrar la salida a nuestras
situaciones.

Una persona positiva es aquella
que es capaz de esperar siempre
lo mejor de la vida.

Una persona positiva es aquella que se asegura de tener
siempre buenos días y buenos momentos. No está esperando que las cosas pasen, sino que busca provocarlas.

Una persona positiva no categoriza un día como bueno
o malo al final del día. No depende de los eventos para
llegar a una conclusión. La persona positiva se asegura
desde el comienzo del día que este será uno grandioso.

2. Siguen siendo amigos cuando otros dejan de serlo

La relación de un buen amigo no depende de la aprobación de otros. No renuncia a una amistad simplemente

porque otros se retiren. Hay diferentes circunstancias por las cuales una persona puede perder amistades. Mientras escribo este libro, surgió una situación con una persona famosa de la comunidad de YouTube. Una persona muy allegada a él hizo un corto video haciendo unas declaraciones en contra de esta persona. Este joven en menos de un día perdió más de 3 millones de seguidores. No quiero hablar del problema como tal, y de ninguna manera estoy a favor ni de uno de otro. El detalle es que de repente, sin dar espacio a considerar el asunto, literalmente millones de personas dejaron de seguir o admirar a esta persona. El punto que traigo con este ejemplo es lo fácil que podemos perder el apoyo de las personas que en un momento nos celebraban.

Un buen amigo sigue siendo amigo aunque otros te dejen.

Un buen amigo sigue siendo amigo aunque otros te dejen. Esto puede ser complicado porque se puede malinterpretar en algunos casos la decisión de una persona de permanecer siendo amiga de otra. Algunos pueden pensar que no deberías continuar en esa relación porque estás apoyando algo que la persona está haciendo mal o que es condenado por otros. La realidad es que mi amistad con alguien no quiere decir que apoye o esté de acuerdo con lo que hace. Es más, si la persona es mi amiga o amigo, me permitirá dejarle saber que no estoy de acuerdo con lo que ha hecho y me respetará más por diferir; pero todavía seguimos siendo amigos.

3. Saben guardar silencio

Encontrar a alguien que sea capaz de guardar tus secretos y nunca usarlos en tu contra es un tesoro. Hay un refrán que dice que la razón por la que un perro tiene muchos amigos es porque mueve más el rabo que la lengua. Si no se puede confiar en ti, no puedes llegar a ser un gran amigo. Cuando hablo de secreto no pienses meramente en cosas muy profundas o dramáticas, sino en las cosas más simples de la vida donde alguien desea privacidad. En los tiempos que vivimos hay una gran obsesión con publicar todo lo que haces, dónde estás y lo que comes. Cuando compartimos con amigos son muy pocas las fotos que tomamos, y mucho menos las que publicamos. Tratamos de que esos momentos permanezcan lo más privados posible.

Esto nos permite ser como somos realmente, sin temor a que seremos expuestos. El saber que tenemos amigos como estos nos da la libertad de ser reales y sinceros porque no tenemos temor a que nos expondrán al mundo. Una de las cosas que detesto es escuchar a personas que han estado cerca de alguien y dicen comentarios inapropiados acerca de los hábitos de aquellos con quienes han estado.

En una ocasión llegué a una tienda a comprar una ropa y la persona me reconoció. Tan pronto me reconoció comenzó a hablarme de alguien que ambos conocemos en común, y empezó a decir lo que la persona compraba en ese lugar. Al final no le compré nada y me preguntó por qué. Mi respuesta fue la siguiente: "Si me has dicho a mí todo lo que mi amigo compró, me imagino que se lo has dicho a otros y también les dirás todo lo que yo compre". Los grandes amigos son privados y saben qué información se puede compartir y cuál no.

4. Se enfocan en tus fortalezas

Todos tenemos debilidades y fortalezas. Los verdaderos amigos siempre se enfocan en las fortalezas que tienes y te admiran por ellas. Esta capacidad de reconocer las fortalezas es tan importante y seria para el desarrollo personal y empresarial, que se aplica a diversas áreas de la vida: educativa, personal y empresarial. Quiero explicarte con amplitud, para que entiendas cuán relevante es que tú mismo prestes atención a tus fortalezas; que veas y promuevas las fortalezas de tus amigos; y aprecies que tus amigos prefieran mirar tus fortalezas e ignorar tus debilidades. Te aseguro que vas a convertirte en el gran amigo que otros quieren conocer.

Mi esposa es la directora ejecutiva de nuestro colegio cristiano. En los años pasados ha estado trabajando con una organización que ayuda a estudiantes superdotados. Esta palabra puede sonar que es un pequeño grupo los que caerían en esa categoría. El ser superdotado no es sinónimo de que eres superdotado en todas las áreas de tu vida, sino hay áreas en ti donde eres mucho mejor que el promedio de estudiantes. No confundas este concepto con la escala del conocido coeficiente de inteligencia. En el sistema escolar de los Estados Unidos, el concepto de "superdotado" (*gifted*, en inglés) tiene unas connotaciones más amplias.

Una de las cosas que mi esposa aprendió a la luz de la experiencia de trabajar con los estudiantes superdotados, es que el sistema educativo entrena a los futuros maestros para trabajar con las deficiencias. En el sistema americano, los maestros son altamente entrenados en trabajar con estudiantes de trastorno por déficit de atención con y sin hiperactividad, con autismo, o estudiantes con discapacidades físicas. El sistema educativo incluso ofrece acomodo razonable para estudiantes con deficiencias. Creo que eso es justo y necesario. Sin embargo, lo que no es justo, y es igualmente necesario, es que no se trabaje con los estudiantes superdotados.

Al día de hoy no hay acomodo razonable para estudiantes que exceden en capacidad intelectual y cognitiva a los estudiantes de su mismo nivel. Cuando no tienes apertura y un protocolo de trabajo para el estudiante superdotado, automáticamente estás rezagando a esos estudiantes porque no maximizas su potencial. El estudiante superdotado se trabaja individualmente. De no hacerlo así, no tienes cómo descubrir su verdadero potencial, y automáticamente lo atrasas en su desarrollo académico individual.

Este es un ejemplo de cómo nos vemos afectados cuando nos enfocamos en las deficiencias o debilidades, y no en las fortalezas. Cuando se trabaja con el debido procedimiento con el estudiante superdotado, entonces puedes maximizar su potencial. Dos estudiantes con el mismo coeficiente intelectual, que es tan solo una de las métricas para determinar dotación, pueden significar dos inteligencias diferentes. Solo en el ejercicio de maximizar las fortalezas es que podemos llevar a ese estudiante hasta su máxima capacidad.

Nuestro colegio tuvo que invertir valiosos recursos para equipar y educar a nuestra facultad para trabajar con estudiantes superdotados. De lo contrario, los maestros no tendrían el entrenamiento necesario para trabajar con las fortalezas de los estudiantes, y no podríamos ayudar a los estudiantes a desarrollar al máximo su potencial.

Cuando esos estudiantes, ayudados por sus maestros, descubran y desarrollen sus fortalezas, el cielo será el límite para ellos. Cobrarán una consciencia plena de la importancia de enfatizar las fortalezas de otros, incluyendo sus amigos. Entenderán la diferencia que hace en un ser humano que alguien se enfoque en sus fortalezas y las admire. Su vida jamás será la misma.

Esa manera de mirarte y tratarte es uno de los rasgos que distingue a un gran amigo. Conoce tus debilidades, pero cuando te ve, te habla y te trata, lo hace a base de aquello en lo que eres grande: tus fortalezas.

Nuestra época actual no inventó el profundo y enriquecedor concepto de la verdadera amistad. El ser humano tiene amigos desde los tiempos bíblicos. Sin embargo, hace escasamente treinta años que se cambió el rumbo de la psicología cuando se planteó una nueva estrategia de terapia y ayuda basada, no en los traumas de la niñez, ni en problemas o en debilidades del ser humano. Se implementó destacar las fortalezas de cada quien, hacerlas florecer, reforzarlas y expresarlas, y prestarles toda la atención para reducir las debilidades, y lograr que las personas rindan al máximo de sus capacidades personales y laborales.

5. Hablan la verdad

Hace un tiempo atrás les dije a unos amigos que por favor no fueran un sello de goma en mi vida. Esta frase la usamos en Puerto Rico para referirnos a personas que aprueban todo lo que otros hacen sin pensar por ellos mismos ni advertir a otros las consecuencias de las decisiones que están tomando. Los verdaderos amigos te enfrentan con amor y respeto a las verdades de la vida. No permiten que vivamos engañados ante la ilusión que algunas veces tenemos, de que todo lo estamos haciendo bien.

> Los verdaderos amigos te enfrentan con amor y respeto a las verdades de la vida.

La verdad en muchas ocasiones duele, pero cuando proviene de un amigo se recibe, porque se sabe que no hay intención de herir. Si permito que los que llamo amigos sigan sus rumbos sin dirección, soy también responsable de las malas decisiones que toman.

6. Se alegran de tus bendiciones

Una de las cosas que arruina cualquier relación es la envidia. Un verdadero amigo se goza y disfruta los logros de aquellos a quienes llama amigos. El espíritu competitivo de los que desean triunfar, muchas veces se convierte en envidia por no obtener primero o mejor lo que otros alcanzan. El pensamiento se agrava cuando perdemos la esperanza de poseerlo nosotros mismos. Estas ideas provocan la envidia y los celos, los cuales ponen una gran distancia en toda relación.

Los amigos reconocen el arduo trabajo y lo que costó llegar a donde llega un amigo. La cercanía nos permite ver las horas de trabajo y los sacrificios que se hacen para triunfar. Esto nos llena de admiración y respeto por los que amamos. Vemos sus logros a consciencia de que se lo merecen, por todo lo que han hecho para llegar allí. Es más, me atrevo a decir que vivimos nuestros sueños a través de ellos. Los buenos amigos no piensan que los éxitos y los sueños realizados nunca les pasan a ellos o nunca les van a suceder. Los buenos amigos se alegran de que sus amigos los pueden vivir.

7. Tratan de que tu vida sea mejor

Los buenos amigos provocan que tu vida sea mejor. Son servidores; no solamente disfrutan de los logros que sus amigos alcanzan, sino que los desean y son parte de ellos. Algunas veces los mensajes que predico, y aun parte de este libro, son resultado de mis conversaciones con amistades que tengo. Contribuimos a que la vida de los que llamamos amigos sea mejor y más fácil. Lo más grande es que no estamos buscando el crédito de nada; solo la satisfacción de que podemos ayudar a un amigo a ser mejor.

Esta forma de pensar cambia la perspectiva en que se ven las relaciones hoy en día porque no es lo que puedo obtener de alguien, sino lo que puedo dar. No es cómo mi vida puede mejorar si tengo a esta persona cerca, sino cómo su vida mejora si me acerco a ella. Si mis amigos no hacen mención de mí en público y de mi contribución en la vida de ellos, no es importante. Un verdadero amigo no necesita la adulación o la celebración en público. Se siente satisfecho con el mero hecho de que sus amigos son mejores porque ellos están cerca, aunque nadie los vea.

No es cómo mi vida puede mejorar si tengo a esta persona cerca, sino cómo su vida mejora si me acerco a ella.

---

8. Son adaptables

La adaptabilidad es vital para ser un gran amigo. Cuando somos amigos debemos reconocer que no somos el centro de atención como individuos; el centro de atención es nuestra amistad. Cuando estamos entre amigos todos tenemos que hacer los ajustes necesarios para compartir y pasar el tiempo. La vida es dinámica y las cosas van cambiando poco a poco, por lo tanto, nuestras amistades sufrirán cambios y si queremos seguir siendo amigos, debemos aprender a adaptarnos para cultivar esa amistad.

Si no nos adaptamos nos convertimos en celebridades y no en amigos. Sería sentir que todos los que están alrededor se tienen que adaptar a mí para poder estar conmigo. Además, las preferencias cambian, así que a mis amigos les agradará hacer en algún futuro algunas otras cosas que hoy no hacemos. Si deseo seguir siendo amigo, debo aprender a disfrutar de estas nuevas cosas.

9. Son libres de rencores

Los verdaderos amigos, como te conocen, no te condenan; como no te condenan, no te juzgan; como no te juzgan, no te culpan; y como no te culpan, no guardan rencores. Los amigos conocen nuestras altas y bajas emocionales. Saben cómo pensamos y aceptan nuestra manera de ser. No toman personal algunas cosas que hacemos, sino que así nos han aceptado. Puede ser que a alguien que me acaba de conocer mi forma de ser le dé una mala impresión, pero mis amigos me conocen.

Los verdaderos amigos,
como te conocen, no te condenan;
como no te condenan, no te juzgan;
como no te juzgan, no te culpan;
y como no te culpan, no guardan rencores.

Mis amigos saben ponerse en mis zapatos. Entienden el por qué estoy actuando o diciendo lo que estoy diciendo, por causa del momento que estoy viviendo. No se quedan estancados pensando en lo que puede provocarles ese tipo de pensamiento, sino que tratan de comprender y se mueven a otras cosas.

10. Simplemente aparecen

Con cuatro hijas soy consciente de lo que significa que yo aparezca en los lugares y momentos importantes. Por causa de los múltiples compromisos, no puedo estar en todas las celebraciones y actividades de mis niñas. En una ocasión tuve la oportunidad de llevarlas a celebrar el cumpleaños de una amiga. Ellas pasaron un tiempo espectacular, pero cuando nos montamos en el carro, una de ellas me dijo: "¿Sabes lo más que me gustó del cumpleaños de hoy? Fue que tú estuviste aquí". Durante la fiesta lo único que hice fue tomarle fotos y simplemente estar allí, pero para ella eso significó mucho.

Hay lugares donde he aprendido a aparecer solamente para dejarle saber a la persona, "aquí estoy". Ese acto de solo aparecer y estar es uno de los más grandes actos de nobleza que nuestros amigos pueden hacer. Acudí a una actividad donde un amigo iba a decir unas palabras. Él sabe que no acostumbro a ir a ese tipo de eventos, pero decidí llegar hasta allí en esa ocasión.

El punto es que noté a mi amigo un poco nervioso y cuando él fue a hablar delante de todos, busqué la manera de posicionarme en un lugar estratégico donde él me pudiera ver. Quería que en medio de la multitud él pudiera encontrar una cara amigable. Sé que eso haría de su momento de hablar uno más sencillo. Esa noche solo lo saludé al comienzo de la actividad y lo escuché hablar. Movía mi cabeza en forma de aprobación y de apoyo. Tan pronto terminó, salí del evento y no pude despedirme.

Al otro día me dejó saber cuán importante fue para él que hubiera estado allí y cómo había calmado sus nervios el poder mirarme en el público. Los amigos aparecen cuando uno más los necesita. No tienen que decir ni hacer nada; basta solo con aparecer para que todo cambie.

8

IDENTIFICA LAS
AMISTADES ENFERMIZAS

"Aparta la amistad de la persona que,
si te ve en el riesgo, te abandona".
—Félix María de Samaniego

Las heridas del corazón no deben detenerte en buscar y experimentar el amor. La fuente de nuestras mayores emociones siempre está relacionada con alguien.

Si te pregunto cuál es el peor día de tu vida tendrás que recordar un lugar, un evento y una persona. Cada mala experiencia de tu vida tiene nombre y apellido. No se puede tener un mal momento sin que alguien esté involucrado.

Al mismo tiempo, si te pido que me digas una de tus más gratas memorias, recordarás un lugar, un evento y una persona. El problema es que muchas veces en nuestra mente permanecen por demasiado tiempo los malos recuerdos versus los hermosos. Las sensaciones que sentimos por las cosas hermosas de la vida duran muy poco tiempo en nuestra mente, versus aquellas cosas que causan dolor. Muchas veces he dicho que la emoción de un éxito es temporal, pero el dolor de una pérdida puede durar toda una vida.

La emoción de un éxito es temporal, pero el dolor de una pérdida puede durar toda una vida.

Ya que solemos retener por mucho tiempo las heridas que recibimos, nos cerramos la puerta a las nuevas relaciones. Al querer evitar el posible dolor de una relación, no tomamos los riesgos necesarios para ganar relaciones. En una ocasión me enteré de que un joven de nuestra iglesia saldría de viaje a un lugar que había deseado visitar por mucho tiempo. En uno de los momentos que me encontré con él en el pasillo de la iglesia le pregunté si estaba alegre por el viaje que iba a realizar, qué esperaba ver y cómo se sentía que pronto llegaría ese momento tan especial.

Me sorprendió que su respuesta fue que él no esperaba mucho y que no tenía grandes expectativas. Le pregunté por qué decía eso y su segunda respuesta me impresionó más. Me dijo: "Siempre pienso que algo no va a ser bueno para nunca desilusionarme; así cuando llegue, lo que me suceda me gustará más". En otras palabras, no se ilusiona para no desilusionarse.

Esto parece tener mucho sentido, pero es una de las peores filosofías de vida que he escuchado. Lo grande de salir de viaje no es tan solo el viaje, sino todo el proceso de preparación para el mismo. Es contar los días para cuando llegue ese momento. De seguro no será perfecto, pero ningún posible problema nos debe hacer vivir con bajas expectativas simplemente por el miedo a la desilusión.

Reacciones a las desilusiones

Muchas personas asumen la actitud anterior y se privan de nuevas relaciones de amistad por causa de las heridas del pasado. Suelen adoptar las siguientes posturas, que son erróneas.

+ *Decido encerrarme.*

Es la persona que construye una muralla hermética donde nadie entra y nadie sale. Esta persona decide que nunca más será expuesto a los problemas de las relaciones, pero al mismo tiempo nunca podrá disfrutar de las bendiciones que las personas pueden traer a su vida. Esta persona, por lo general, se deprime y vive grandes momentos de soledad. El aislamiento produce en su mente más problemas emocionales que el simple hecho de atreverse a volver a empezar.

+ *Bajo mis estándares para las futuras relaciones.*

El problema de esta actitud es que comenzamos a aceptar en nuestras vidas personas que no deberían ser parte de ella. Los estándares que ponemos para nuestras relaciones son importantes porque establecen el parámetro alrededor del cual escogemos aquellas personas que son idóneas para nosotros.

Mis principios, mis valores, mi fe y mis creencias determinan la selección de mis relaciones. Si permito que mis experiencias pasadas, especialmente las negativas, dicten la pauta para mis nuevas relaciones, podría denigrar aquellas cosas por las que vivo y en las que creo. He visto personas que luego de tener experiencias negativas con diferentes personas, escogen nuevas amistades que no llegan ni a la mitad de los estándares que ellas habían establecido en el pasado. Esas nuevas relaciones y sus consecuencias son como la "crónica de una muerte anunciada",[19] es decir, otras experiencias negativas y desilusiones esperando manifestarse.

La decisión ante las decepciones debe ser precisamente lo contrario a esto: sube tus estándares de selección de amigos y asegúrate de que escoges nuevas relaciones de acuerdo con tus más altos principios.

+ *Me convierto en el agresor.*

Como mecanismo de defensa, decido ser el que hiere y lastima a los demás. No es algo que necesariamente se haga de manera consciente, pero las acciones que se toman así lo demuestran. Hay otros que con toda la intención buscan la manera de hacer daño porque al no poder vengarse de aquellos que los han herido en el pasado, se desquitan con otros.

---

19. Alusión analógica al título del autor Gabriel García Márquez, *Crónica de una muerte anunciada*, Universidad Nacional Autónoma de México (2012).

Cada uno de nosotros tendremos experiencias con personas que por comisión u omisión nos harán daño. Todos, como decía el Chavo del Ocho, "sin querer queriendo", hacemos daño a otros. Ninguno de nosotros está exento de estar en los dos lados de la moneda. Yo he sido herido, pero tengo que admitir que también he herido a otros. Como todos, siempre es más fácil recordar aquellos que nos han herido, sin embargo, debemos ser conscientes de que nosotros también hemos herido.

Perdonar es la opción

Para evitar que las heridas que sufrimos nos hagan más daño, nos limiten en nuestras futuras relaciones y nos lleven a herir intencionalmente a otros, es necesario adoptar una de las dos posturas siguientes.

+ Perdonar y tomar caminos diferentes a los que nos han herido

+ Perdonar y reconstruir nuestras relaciones

Algunas personas piensan que el perdonar requiere que sigamos en el mismo camino junto a las personas que nos hirieron. La realidad es que el permanecer junto a una persona no necesariamente es símbolo de perdón. Es probable que conozcas algunos amigos o parejas que siguen juntos, pero no se han perdonado, sino que viven con grandes rencores y odio. Me parece que esto es aún más enfermizo.

Una persona vino a pedirme el favor de que estuviera en un lugar en particular donde estaría alguien que fue un amigo. Le dije que prefería evitar estar allí si esta persona iba a estar. La respuesta inmediata fue que esto demostraba que en mi interior yo no estaba sano de lo que había pasado. Mi respuesta fue que sí estaba sano, pero no quería volver a enfermarme. Como no puedo controlar lo que otros puedan hacer y decir, prefiero evitar ponerme en una situación vulnerable donde pueda revolcar emociones y sentimientos con los que he estado trabajando.

Si prestaste atención, las dos acciones requieren perdonar. El perdón no depende de la otra persona. Es algo que nosotros extendemos para dejar libres nuestros corazones. El reto del perdón es que no cambia al que se lo extendemos. Si mi perdón cambiara las actitudes y acciones de los demás, el mundo sería maravilloso, pero no es así. El perdón no va dirigido a cambiar a ninguna persona. El perdón solo me brinda la libertad para seguir amando, porque dejar de amar no es una opción. El perdón no se da porque otros se merecen otra oportunidad; es que yo me la merezco. Una vez más te repito: es importante perdonar porque dejar de amar no es una opción.

Cuando las relaciones tienen posibilidades, primero extendemos el perdón, y luego reconstruimos. Comienzo a reconstruir la relación desde el perdón que extiendo a los demás, o el que me extienden a mí.

El perdón no se da porque otros se merecen otra oportunidad; es que yo me la merezco.

Hace un tiempo un amigo me envió esta leyenda árabe para que la pudiera usar algún día durante alguna charla. No conozco el autor, pero dice así:

Dos amigos viajaban por el desierto, y en un determinado punto del viaje discutieron.

El otro, ofendido, sin nada que decir, escribió en la arena:

"Hoy mi mejor amigo me pegó una bofetada en el rostro".

Siguieron adelante y llegaron a un oasis donde resolvieron bañarse. El que había sido abofeteado y lastimado comenzó a ahogarse, siendo salvado por el amigo. Al recuperarse tomó un estilete y escribió en una piedra:

"Hoy mi mejor amigo me salvó la vida".

Intrigado, el amigo preguntó:

-¿Por qué, después que te lastimé, escribiste en la arena, y ahora escribes en una piedra?

Sonriendo, el otro amigo respondió:

-Cuando un gran amigo nos ofende, deberemos escribir en la arena donde el viento del olvido y el perdón se encargarán de borrarlo y apagarlo; por otro lado, cuando nos pase algo grandioso, deberemos grabarlo en la piedra de la memoria del corazón donde viento ninguno en todo el mundo podrá borrarlo.

Esto es lo que precisamente hace el perdón. No ayuda a olvidar los errores, pero establece las rocas donde podemos reconstruir nuestras relaciones.

Indicadores de amistades enfermizas

Hay varios indicadores que nos permiten identificar si una relación de amistad va por mal camino. Estos indicadores no significan decir que tienes que terminar inmediatamente la relación, sino que debes identificarlos para corregirlos, si es posible hacerlo. Mi intención no es que tomes como excusa, alguna de estas cosas para terminar inmediatamente con una relación, sino para que seas consciente de los errores que se pueden cometer, y trates de enmendarlos. Recuerda que no tan solo nos hieren, sino que también herimos. Si somos conscientes de que estas actitudes no son correctas, no tan solo podemos ayudar a nuestros amigos a corregirse, sino que nosotros mismos nos mantendremos en nuestro lugar correcto.

Conocer estos indicadores nos permite protegernos y tomar medidas a tiempo para no sufrir una desilusión y, por emoción o impulso, asumir alguna de las actitudes que describí anteriormente.

Algunas de estas cosas son más obvias que otras. Estoy seguro que cuando leas el listado y algunos de mis comentarios, dirás "bueno, es sentido común". Hay otras donde las premisas que leerás serán claras, pero en la acción o en el momento son más difíciles de identificar. Hay acciones, actitudes y comentarios que parecen tan inocentes que no nos damos cuenta de lo peligrosos que son, y llegamos a enfermarnos sin darnos cuenta.

Las amistades enfermizas…

+ *Nos inducen a vidas sin control.*

Una relación es enfermiza cuando la persona me motiva a vivir una vida con poco control físico, emocional y espiritual. Estas personas promueven estilos de vida que ponen en peligro nuestras vidas. En los casos más extremos te inducen al consumo de drogas y otras sustancias. Te buscan simplemente porque les provees la seguridad de que ellos no lo están haciendo solos.

Una vida sin control te puede llevar a grandes pérdidas. Por mucho tiempo, en los Estados Unidos se ha hecho una gran campaña publicitaria para que cuando una persona vaya a un lugar a ingerir bebidas alcohólicas, sus amigos sean los que conduzcan el auto. Tiene que haber alguien sobrio en el grupo para que los demás lleguen seguros a su destino. Por supuesto, lo mejor es que nadie llegue al punto de estar ebrio, pero si ocurriera, lo responsable sería cuidar del que se embriagó.

◆ *Nunca piden disculpas cuando cometen un error.*

No podemos tomar por sentado nuestras relaciones y asumir que no es necesario el pedir perdón por nuestras acciones incorrectas, porque mis amigos "deben comprender". Algunos piensan que porque somos amigos no es necesario escuchar que nuestros amigos piden perdón. La realidad es que si esa palabra no se dice y no se cambian las actitudes, de nada sirve continuar con esa relación.

+ *Están celosos de otros amigos que tienes.*

He tenido la experiencia de ser amigo de personas que no se llevan entre sí. Gracias a Dios hasta hoy nadie me ha pedido que termine con una relación de amistad para seguir siendo amigo de ellos. Esto me pondría en una situación complicada y no sé qué haría. Aclaro que nunca sería amigo de los enemigos de mis amigos, pero creo que no debo dejar de ser amigo de personas que no son amigos de otros simplemente porque a ellos no les agraden. Se me haría más fácil si todos se llevaran bien, pero tampoco es necesario. Tampoco pretendo obligar a mis amigos a relacionarse unos con otros, si entre ellos hay alguno que no interesa la relación.

+ *Tienen que ser siempre el centro de atención.*

Hay personas que pretenden que todo gire alrededor de ellas. Cuando los que dicen ser mis amigos no son capaces de hacer ajustes en sus vidas para cultivar nuestra relación, es tiempo perdido. Conozco personas que cuando llegan a un lugar toman el control de la agenda, de las decisiones y de las conversaciones. De repente pretenden que nos olvidemos de todo y solo pongamos nuestra mirada en ellos. Hacen esto con actitudes prepotentes o como "divas", como a veces los llamo. Otros hacen lo mismo, pero con actitud de víctimas. Todas sus conversaciones son acerca de todo lo malo que está pasando en sus vidas y cómo todos debemos correr a ayudarlos. Si queremos tener amigos, la amistad debe ser el lugar de enfoque en la tarima de la vida. Si hay un solo protagonista es una novela, y no una amistad.

> La amistad debe ser el lugar de enfoque en la tarima de la vida. Si hay un solo protagonista es una novela, y no una amistad.

+ *Muestran poco respeto por tu tiempo.*

El único recurso que todos tenemos por igual es el tiempo. Si no sabemos manejarlo correctamente, malgastamos el poco tiempo que tenemos, y no se puede recuperar. Los verdaderos amigos valoran el tiempo que inviertes en compartir, y no pretenden ocupar todo tu tiempo. Cuando tenemos verdaderos amigos, le sacamos el máximo el poco tiempo que podemos vernos. Lo aprovechamos hasta el último segundo, pero nunca demandamos tiempo de ellos de forma desmedida y con presión. Cuando alguien trata de controlar tu agenda y acapara tu tiempo, eres una excusa o una distracción.

Puede ser que esa persona no quiera trabajar con ciertas situaciones de su vida.

✦ *Hacen que seas tú el único que los busca.*

Hay relaciones que es extenuante mantenerlas. Eres tú el que tiene que buscar, eres tú el que tiene que escribir, eres tú el que tiene que viajar, eres tú, eres tú, eres tú, eres tú, como si no tuvieras más nada qué hacer. Cuando en una relación una de las personas es la que siempre tiene que hacer el esfuerzo para sostenerla, esa relación no es sana.

✦ *Pretenden que camines de puntitas.*

He tenido amistades que son tan sensibles que de cualquier cosa se ofenden. Es muy difícil caminar con ellos porque tenemos que cuidar cada comentario, cada detalle, cada cosa que hacemos o decimos. Cuando una persona es demasiado sensible se hace casi imposible convivir con ella. Su forma de ser te limita a ajustarte a todas sus ideas y pensamientos, y no puedes ser tú mismo. Esto pone una gran ansiedad cada vez que te reúnes o te encuentras con ellos. Llega al punto en que solo compartes con ellos, no por que deseas verlos, sino porque no quieres que se ofendan.

✦ *Te adulan constantemente.*

Debes tener cuidado cuando lo único que las personas hacen es alabarte y decirte lo grande que eres. Algunos piensan que tú necesitas que estén elogiándote constantemente, cuando tu deseo es que tus amigos te vean tal como eres y te sientas cómodo con ellos. Si ellos mismos te ponen en un pedestal tan alto, algún día los defraudarás. Sus palabras llegan a sonar como timbal desafinado porque, eventualmente, no son genuinas ni reales.

+ *Compiten contigo siempre.*

Una cosa es la competencia sana que nos motiva; otra es la obsesión de demostrar que son mejores que tú. Tus amigos deben ser fuente de motivación, y sus logros deben motivarte a alcanzar más. Pero cuando lo único que tus amigos hacen es querer demostrarte que son más grandes, la relación se torna enfermiza. Es la persona que cuando compras un auto nuevo, a los pocos días ella también tiene uno. Das un viaje y ella visita el mismo sitio, no porque se lo hayas recomendado, sino por no quedarse atrás. Subes a tus redes sociales una foto de algo que estás haciendo, y a los pocos segundos ves una similar de ella.

+ *Luego de pasar tiempo con ellos, te sientes mal.*

Hay momentos cuando las relaciones se ponen tan pesadas que luego de pasar tiempo con algunas personas que antes disfrutabas, se queda un mal sabor. Poco puedo describirte esta sensación, pero estoy seguro que sabes cómo se siente. Te preguntas si realmente vale el esfuerzo y el tiempo que estás invirtiendo. Cuando salimos de la presencia de nuestros amigos, debemos salir llenos de paz y de alegría. Nuestras emociones deben refrescarse y nuestro ánimo debe mejorar. Los verdaderos amigos siempre dejan un buen sabor cuando nos reunimos con ellos.

Estos son tan solo algunos de los indicadores que pueden dejarte saber que las relaciones que estás teniendo no son saludables. Es importante monitorear la manera en que nos estamos relacionando, y tener la confianza de confrontar a las personas cuando entiendes que algo no está bien. El evitar enfrentarlas te pondrá en algún momento en posición de perdonar, y para tener que perdonar tienes que haber sido herido. Es mejor una confrontación sabia a tiempo, que tener que perdonar algo difícil.

Todas nuestras relaciones deben ser gratificantes para ambas partes. Ambos debemos ser mejores personas, y sentirnos mejor cada vez que nos veamos. Ninguna relación es perfecta y siempre tendremos situaciones que resolver, pero al final nuestros corazones siempre deben regocijarse y entusiasmarse cuando nos acercamos a nuestros amigos.

Recuerda que:

En toda relación, aun en las sanas, siempre habrá heridas. Lo que no puede haber es sufrimiento.

Lo que lo que tú eres capaz de soportar o apreciar, otros no necesariamente lo hacen.

Toda relación debe hacerte mejor a ti y hacer mejores a los demás. Si esto no está pasando, algo anda mal.

El concepto de ti mismo debe ir mejorando cada vez que estás entre verdaderos amigos.

No debes comparar tus relaciones a través del filtro de otros.

Hay personas a quienes no les agradan las cosas que tú estás dispuesto a dejar pasar.

No todos somos atraídos al mismo tipo de personas.

9

CONSEJOS DEL HOMBRE MÁS SABIO DE TODOS LOS TIEMPOS

La familia es algo que se nos impone; los amigos son nuestras decisiones. Nadie puede escoger la familia natural en la que nacemos, pero sí escogemos los amigos que tenemos. Es curioso porque todos podemos tener éxito en la vida a pesar de la familia a la que pertenecemos. Hay circunstancias familiares que son un gran reto para muchas personas.

Las disfunciones familiares pueden causar heridas muy duras en la vida de una persona. Superarlas conlleva mucho trabajo y esfuerzo, pero no importa cuán duro haya sido el entorno familiar, todo se puede superar. No obstante, es tan grande el poder sanador de la amistad, que si tienes una familia disfuncional y sabes escoger buenos amigos, puedes triunfar. Si tienes una familia sana y escoges malos amigos, de seguro vas a fracasar. Nota cuánta importancia tienen los amigos en comparación con nuestra familia. Nuestra familia viene a ser parte de nuestro pasado, versus los amigos, que son la más grande influencia para nuestro futuro. Solo tú eres responsable de la clase de amigos que escoges. Por lo tanto, solo tú puedes determinar el futuro que tendrás. Aprende a escoger a tus amigos sabiamente.

> Solo tú eres responsable de la clase de amigos que escoges. Por lo tanto, solo tú puedes determinar el futuro que tendrás.

CONSEJOS DEL HOMBRE MÁS SABIO DE TODOS LOS TIEMPOS 183

Uno de los hombres más sabios de la historia de la humanidad fue el rey Salomón. Este joven rey tuvo una experiencia con Dios. A temprana edad le tocó gobernar sobre la nación de Israel, le pidió Dios que le diera sabiduría y Dios se la concedió. Su historia nos permite observar ciertas decisiones que tuvo que tomar, que demostraron la capacidad de un joven de entender las cosas más complicadas de la vida. En uno de los libros de la Biblia está plasmada parte de su sabiduría en forma de proverbios que nos muestran la manera en que él veía la vida.

Recibe estos consejos que te guiarán en cuanto a *qué debes hacer* y *qué no debes hacer* para cultivar relaciones sanas de amistad.

Qué debes hacer

"En todo tiempo ama el amigo, Y es como un hermano en tiempo de angustia". (Proverbios 17:17)

Estoy seguro que has escuchado la frase "sangre pesa más que agua". Esto se dice para describir el poder del vínculo familiar y cómo la familia siempre debe ser primero. En medio de decisiones importantes o vitales, el peso de ser familia cobra gran relevancia. Hay muchas personas a quienes podemos llamar amigos y que estarán contigo en muchas situaciones en la vida, menos en la adversidad.

Como ya hemos estudiado, hay amigos que simplemente son amigos por la utilidad o conveniencia que nos proveen ellos a nosotros o nosotros a ellos. Este círculo de amigos es importante, pero sabemos que cuando llega el momento difícil no podremos contar con ellos. Uno de los mayores beneficios de la adversidad es que es un maravilloso filtro para saber quiénes son nuestros verdaderos amigos. En la adversidad, los grandes amigos se convierten en hermanos. Los cambios de condiciones o situaciones no opacan o disminuyen el vínculo que los une, por el contrario, los hacen más fuerte.

Una de las cosas más importantes que necesitamos para mantenernos cuerdos, es la estabilidad en algunas áreas. La consistencia de la presencia y el apoyo de una persona en nuestras vidas nos dan la estabilidad que necesitamos en un mundo tan cambiante, especialmente en medio de una crisis. Hace mucho tiempo unos voluntarios de nuestra iglesia decidieron entregarme las tareas que ellos cumplían. Me comentaron que había llegado el momento de que otros continuaran. Eran personas mayores. Me dijeron muy preocupados que no sabían si lo habían hecho bien, ni mucho menos qué podrían hacer por mí ahora. Les pedí que, por favor, aunque buscaríamos personas que se hicieran cargo de todo eso, siguieran ocupando la misma silla siempre en la iglesia. Les dije: "Ustedes han hecho por mí y seguirán haciendo algo muy importante. En un mundo donde todo cambia todo el tiempo, el yo saber que puedo llegar aquí a la iglesia y por lo menos contar con la presencia de ustedes, me da paz. Mirar hacia su silla y saber que ustedes siguen ahí me brinda estabilidad y consistencia".

Ver a un amigo cuya obligación
es una decisión y no una imposición,
es algo especial.

Una de las cosas que hace esto poderoso es que la familia en cierta manera está obligada a ayudarte porque es tu familia, pero ver a un amigo cuya obligación es una decisión y no una imposición, es algo especial. La relación que esto forma es inseparable y de incalculable valor.

"El hombre falto de entendimiento presta fianzas,
Y sale por fiador en presencia de su amigo."

(Proverbios 17:18)

Una de las cosas que puede arruinar cualquier relación son los problemas financieros. Los problemas económicos ponen una presión no tan solo en la persona que los tiene, sino en los que están a su alrededor. Hay problemas económicos que son circunstanciales; otros son por decisión. A veces se entra en problemas económicos únicamente por el hecho de las circunstancias que el país o la nación están viviendo.

Sin embargo, hay muchos problemas económicos que podrían ser evitados si tenemos la sabiduría necesaria. A veces lo único que nos hace falta es consultar o preguntar cuál es la mejor decisión, antes de tomarla. En relación a la amistad es vital aprender a tomar posturas claras en relación a las finanzas. Hay personas que en nombre de la amistad quieren manipularte para que te hagas responsable de ayudarles. Para poder explicar este verso tenemos que verlo en contexto de dos cosas: primero, lo que está hablando el autor en el verso 17 cuando explica cómo un amigo reacciona ante las adversidades; segundo, en la perspectiva de Proverbios 6:1-2:

"Hijo mío, si salieres fiador por tu amigo, Si has empeñado tu palabra a un extraño, Te has enlazado con las palabras de tu boca, Y has quedado preso en los dichos de tus labios."

A simple vista, Proverbios 17:18 parece ser que está diciendo que tenemos que salir por fiador de nuestro hermano, pero la advertencia que él brinda en el capítulo 6 es otra. El autor está advirtiendo el peligro de salir por fiador y cómo uno debe tener cuidado cuando uno se compromete. Para poder recibir crédito de los bancos o alquilar un apartamento en los Estados Unidos, a veces se requiere que alguien con mejor ingreso o crédito firme como codeudor. Esto tiene grandes implicaciones legales. Si la persona no paga, automáticamente tú eres responsable de cubrir todos los pagos. Esto es algo serio que puede traer grandes consecuencias. No es sabio hacer tal cosa.

Salomón no pretende que tú entres en problemas económicos por tus amigos, sino todo lo contrario. Lo que un amigo hace primero es educar y dar consejos. Nota que la falta de entendimiento es el problema. Por lo tanto, lo que tiene que hacer un amigo es educar y aconsejar para que el otro no entre en esos problemas.

Cada vez que voy a comprar un auto me llevo conmigo a un amigo para que me aconseje. El vendedor de autos no tiene ahora que solo convencerme a mí, sino a mi amigo. Él se encargará de hacer todas las preguntas correctas y ayudarme a tomar la decisión.

Segundo, el autor no está pidiendo que tú seas fiador. Para que no te comprometas con la persona de la que tu amigo está tomando prestado, lo que tu amigo debe saber es que a pesar de sus errores, tú tienes un compromiso con él y le vas a ayudar en lo que está a tu alcance. Los amigos no se comprometen con los que prestan, sino proveen ayuda a los que han tomado prestado sin hacerse daño a ellos mismos.

> *"El que cubre la falta busca amistad; Mas el que la divulga, aparta al amigo".* (Proverbios 17:9)

Cubrir no quiere decir que apruebas o consientes a lo que una persona hace, sin embargo, procuras que su vida emocional y las de los que le rodean sean guardadas. Cubrir es un término que implica proteger, cuidar y guardar. Las faltas o fallas producen dolor y vergüenza. En estos tiempos solemos escuchar acerca de los grandes escándalos que tienen las personas. Me parece que no toman en consideración el efecto que tienen estos en esa persona y en los familiares. Los verdaderos amigos buscan quedarse hasta el momento cuando estás preparado para enfrentar correctamente el problema que estás teniendo.

Aquellos que hacen esto a veces son juzgados de manera incorrecta porque piensan que somos un sello de aprobación para todo lo que se hace. Los amigos son los que ven nuestras faltas en privado y nos ayudan a superarlas. No las usan para ganar popularidad descubriendo nuestros errores ante los demás. Cuando camino con amigos, tengo la oportunidad de ser yo mismo con mis defectos y mis virtudes. Si tengo miedo de que puedas usar en contra mía lo que conoces de mí, se abre una brecha de separación abismal porque ahora no puedo confiar en ti.

Los amigos son los que ven nuestras faltas en privado y nos ayudan a superarlas.

"El ungüento y el perfume alegran el corazón, Y el cordial consejo del amigo, al hombre."

(Proverbios 27:9)

El consejo sabio que trae paz y alternativas ante una situación difícil es lo que se espera de un verdadero amigo. Y eso es lo que hace el verdadero amigo, como ya hemos dicho: aliviar, dar esperanza y sosiego, y hacer mejor el día y la vida de sus amigos.

Qué no debes hacer

Como el que enloquece, y echa llamas Y saetas y muerte, Tal es el hombre que engaña a su amigo, Y dice: Ciertamente lo hice por broma".

(Proverbios 26:18-19)

La fidelidad, la lealtad y la verdad en todo tiempo son los elementos que fortalecen y hacen permanecer la verdadera amistad. El engaño y la mentira son como dagas de traición en una relación, y destruyen la confianza que durante mucho tiempo se construyó. La excusa falsa de que un engaño fue tan solo una broma, siembra una duda casi imposible de erradicar. No engañes, no mientas, ¡ni siquiera de broma!

"El hombre perverso levanta contienda, Y él chismoso aparta a los mejores amigos".

(Proverbios 16:28)

Si hay algo que destruye las relaciones son los chismes y malos comentarios. Hay personas que son expertas en levantar peleas y contiendas en los demás. Son los que tiran la piedra y esconden la mano. Se gozan en ver a otros peleando y discutiendo. Es curioso que algunos no entienden que una de las estrategias del diablo son el chisme y la contienda.

La forma en que el enemigo logró convencer a Eva de que comiera del árbol fue poniendo pensamientos erróneos acerca del deseo de Dios para sus vidas. Solo bastó un chisme o una calumnia para que la humanidad completa sufriera las consecuencias de una mala decisión provocada por la aceptación de un chisme.

Los comentarios a las espaldas de otros hacen que algunas personas se sientan importantes porque en su mente tienen información privilegiada. Conozco a alguien que uno de sus más grandes dichos y filosofías de vida es "Divide y vencerás". Aunque en la guerra esto tiene cierta verdad, ¡qué malo es cuando se usa ese principio sin importar que destruyas a las personas cercanas a ti!

El crear bandos provoca que algunos se llenen de fuerzas porque tienen que defender ciertas causas, cuando en realidad muchas veces no hay nada que defender. Los noticieros en el mundo disfrutan de buscar comentarios de todas las partes, solo para provocar que existan motivos por los cuales discutir o pelear. Una falsa acusación o calumnia puede acabar con la vida de muchas personas.

Hay dos cosas importantes que debemos saber: primero, los verdaderos amigos van más allá de los comentarios innecesarios e inapropiados que otros hacen. No permiten que las experiencias ni comentarios que otros hagan acerca de sus amigos afecten la relación. No permiten que su mente se llene de ideas que puedan separarlos de sus amigos. Segundo, lo único que usan con sus amigos son palabras edificantes. Todo lo que dicen es para construir y no para destruir. Buscan la manera de aplacar la ira, el coraje y el rencor. Cuando oigas a una persona hablar mal de otro, siempre recuerda que algún día lo puede hacer de ti.

"Fieles son las heridas del que ama; Pero importunos los besos del que aborrece". (Proverbios 27:6)

Los amigos no siempre te aplauden y no consienten todo lo que haces. Prefieren que por un momento te molestes con ellos, a verte cometer errores que puedan costarte mucho más en el futuro. Si solo recibes besos de tus amigos es porque no lo son. He aprendido a dar consejos tan solo si me los piden, si es cosa de vida o muerte o si es algo demasiado importante para esa persona.

Hace un tiempo atrás decidí comentarle algo a un amigo, y quizá de primera intención lo que dije no le agradó. Sus comentarios fueron un poco fríos y pensé que me había metido en grandes problemas con él. Luego de unos días retomamos nuestra conversación y su corazón se abrió para poder recibir aquellas cosas que realmente deseaba transmitir.

Cuando hablamos no siempre tenemos las palabras correctas, pero si el corazón es el correcto, la intención de nuestras palabras se manifestará. Los verdaderos amigos siempre buscan el bienestar de uno y lo más grande es que si a pesar de sus consejos entramos en problemas, estarán con nosotros sin decirnos las famosas palabras, "yo te lo dije". Sus palabras nos ayudan a enmendar nuestros corazones, y quedan marcadas en nuestras vidas como grandes lecciones. Siempre cuestiona a todo aquel que lo que hace es aplaudirte, pero presta atención a aquel que, con el corazón correcto, busca corregirte.

Siempre cuestiona a todo aquel que lo que hace es aplaudirte, pero presta atención a aquel que, con el corazón correcto, busca corregirte.

"Con las riquezas aumentan los amigos, pero al pobre hasta su amigo lo abandona".
(Proverbios 19:4 NVI)

Nuestros éxitos y bendiciones atraen a muchas personas. El sentido de admiración y de victoria es atractivo.

194 AMISTADES QUE SANAN

Nos guste o no aceptarlo, cuando estamos en la rueda de abajo, a muchos de los que nos acompañaban ya no los podemos encontrar. Creo que en este grupo que nos abandonan caen dos tipos de personas.

Primero, los que realmente solo nos buscaban por lo que éramos o lo que representábamos en sus vidas. Estas son personas que con toda intención se acercan para ver qué beneficio o provecho pueden tener de estar cerca de uno. Lo curioso es que muchas ocasiones lo sabemos, pero aun así lo permitimos porque de alguna manera u otra nos hace sentir bien. Sentimos que tenemos el control de esas personas.

Otros que nos abandonan son los que genuinamente estaban cerca de nosotros, pero las circunstancias cambian y ellos tienen que tomar decisiones importantes para su futuro. Recuerdo, luego del huracán María, cuántas personas nos abandonaron y se fueron, algunos de ellos sin siquiera llamar y despedirse. En esos momentos reconocí estos dos grupos de personas muy rápidamente.

Vi personas que pusieron mensajes en sus redes sociales que demostraban que su único interés en una relación con nosotros era por lo que podíamos ofrecer en un momento en sus vidas. Sus palabras sutiles, pero con veneno en ellas, provocaron una gran desilusión. Luego, al pensar, me di cuenta que siempre lo supe; estas personas no estaban por mí de la misma manera que yo estaba por ellos. Me sentí mal, pero me di cuenta de que esa era la naturaleza de la relación.

Entonces entendí que había un grupo que tuvo que salir simplemente porque no tenía más opción. No era que no me hubieran amado o que no me amaran, sino que simplemente no podían hacer más nada. Con estas personas me dio compasión. He visto a algunos irles mejor y a otros no tanto, pero en mi corazón he comprendido que no vieron otra salida.

Es importante hacer esta diferencia para que tu corazón no se dañe, y entiendas que esta es la naturaleza del éxito. Tendrás a muchos mientras seas exitoso y cuando no lo seas, puede ser que con una mano los puedas contar. De algunos siempre lo supiste, y los otros no tenían más opción.

"No frecuentes la casa de tu amigo; no sea que lo fastidies y llegue a aborrecerte".

(Proverbios 25:17 NVI)

Aunque consistencia y tiempo son algunos de los factores importantes para la formación de una amistad, también es necesario darle a la otra persona un espacio. He visto a amistades perderse por la presión constante que sienten de algunos al pretender estar en todo lo que ellos hacen. Llega un momento donde una persona puede sentirse perseguida y acosada por otra. Aunque los amigos deseamos vernos, sabemos no invadir los espacios privados de los demás. Permitimos que mis amigos tengan tiempo para la familia y para otros amigos. Si les doy ese espacio, nuestros encuentros serán provechosos porque tendremos experiencias nuevas de que hablar y cosas que compartir.

EPÍLOGO: EL PODER SANADOR DE LA AMISTAD

Al empezar este libro, te conté que el primer libro que leí fue *Cómo ganar amigos e influir sobre las personas*, de Dale Carnegie. Sin embargo, ¿te diste cuenta de los años que me tomó –después de leer ese libro que me gustó tanto– entender cuán importante y sanadora puede ser la amistad? ¿Notaste cuánto tuve que pasar en mi vida para entender la necesidad de tener amigos y cuánto bien me pueden hacer? Espero que después de leer este libro, no te tome tantos años como a mí. Si tienes pocos o ningún amigo, no pierdas más el tiempo. Aprende a ser amigo y atrae amigos a tu vida, ¡ya!

Tener amigos me ha cambiado la vida. Decidirte a ganar amigos, buscarlos y cuidar las relaciones de amistad es un proceso saludable que va más allá del concepto popular de tener amigos. No es algo frívolo, como lo ven muchas personas; es un proceso que te conviene pasar porque va a sanarte de las heridas del pasado, de ti mismo, y de las circunstancias que estés pasando hoy.

Darle a la amistad el verdadero lugar que debe tener en tu vida te obliga a mirarte, examinarte y a conocerte. Vas a tener que descubrir y enfrentarte a cómo miras a otros, cómo sonríes, qué mensaje proyectas, cómo y de qué hablas. Vas a observarte, y comenzarás a indagar en ti por qué te comportas de tal manera que impide que las personas se acerquen a ti, aunque no lo sepas a consciencia. Y vas a entender por qué no te atreves a acercarte. O podrás definir las cualidades y conductas que hacen de ti un imán para los amigos.

Piensa en los cambios de expresiones, pensamientos y conducta que tendrás, que te liberarán para ser el auténtico tú que vive dentro de ti, todo eso tan solo porque decidiste ser amigo y buscar amigos. Olvidarás los miedos y vencerás las desilusiones pasadas, no solo porque te conoces mejor, sino porque ya no te sentirás solo.

Considera la oportunidad de hacer la diferencia en la vida de otras personas, logrando que no solamente su día, sino toda su vida mejore y exprese lo mejor de sí con solamente acercarse a ti y convertirse en tu amigo. Es lo mismo que harán tus amigos por ti.

Sí, van a llegar a tu vida amigos que estarán para que ambos se ayuden el uno al otro temporalmente, o disfruten unas situaciones transitorias. Cuando cumplan su propósito se irán, y no tienes que desilusionarte ni cerrar las puertas a los futuros amigos. La vida sigue y amigos no te faltarán. Tan solo depende de ti.

En este libro te he regalado mis herramientas. Has leído cómo estuve dispuesto a cambiar mi vida para ser amigo y tener amigos. Ahora te toca a ti. Todo empieza con comprender el valor de la amistad verdadera que conecta, que hace que el otro te importe y tú le importes a él tanto, que ambos entren juntos a la trinchera si uno de los dos cae, para salir juntos a celebrar cómo lograron salir ilesos de una caída. Esa amistad buena y noble que nos regala la certeza de contar con personas con quienes compartimos los mejores pensamientos, inolvidables experiencias de vida y la solidaridad para superar lo que se presente en el camino.

"Un amigo verdadero es el más grande de todos los bienes y el que menos nos cuidamos de adquirir".   François de La Rochefoucauld

REFERENCIAS

1. *Aristotle and the Philosophy of Friendship* por Lorraine Smith Pangle (Cambridge University Press; 1ra. Edición, 4 de febrero de 2008).

2. *Breaking the Male Code* por Robert Garfield (Avery; Reimpresión, 26 de abril de 2016).

3. *Friendfluence* por Carlin Flora (Anchor, 8 de octubre de 2013).

4. *Friend of Sinners* por Rich Wilkerson, Jr. (Thomas Nelson, 13 de marzo de 2018)

5. *Friendships Just Don't Happen!* por Shasta Nelson (Turner, 12 de febrero de 2013)

6. *How to be a friend* por Marcus Tulius Cicero (Princeton University Press, 9 de octubre de 2018).

7. *How to make friends as an introvert* por Nate Nicholson (Create Space Independent Publishing Platform; 2da. Edición, 27 de enero de 2015).

8. *Loneliness* por John T Cacioppo y William Patrick (W. W. Norton & Company; edición reimpresa, 10 de agosto de 2009).

9. *Más amistades y menos likes* por Ramón Cortés, Ferrán (Conecta, 27 de marzo de 2018).

10. *The Blue Zones of Happiness* por Dan Buettner (National Geographic, 3 de octubre de 2017).

11. *The Friendship Advantage* por Mo Fathelbab (Forum Resources Network, 26 de Agosto de 2018)

12. *The Friendship Crisis* por Marla Paul (Rodale Books, 2 de marzo de 2005)

13. *The Friendship Factor* por Alan Loy Mcginnis (Fortress Press, edición de aniversario, 1o. de enero de 2004).

14. *The loneliness cure* por Kory Floyd (Adams Media, 1o. de mayo de 2015).

15. *The Meaning of Friendship* por Mark Vernon (Palgrave Macmillan, 22 de abril de 2010).

16. *The Psychology of Friendship* por Anne Moyer y Mahzad Rojjay (Oxford University Press, 1a. edición, 21 de noviembre de 2016).

17. *Triumphing over Loneliness* por Gregory Dickow (Gregory Dickow Ministries, 2018)

18. *Winning with People* por John C. Maxwell (Harper Collins Leadership, 3 de abril de 2007)

ACERCA DEL AUTOR

Otoniel Font es una de las principales figuras escuchadas a través del medio televisivo Enlace, y un aclamado comunicador en toda América Latina. Lo que habla y escribe transforma las actitudes y creencias de quienes lo siguen, y los motiva a mejorar en todas las áreas de su vida.

En términos de su llamado ministerial, su máxima prioridad es llevar a más personas a los pies de Cristo, que es el fundamento de la transformación espiritual, mental y emocional en el ser humano.

Defiende, además, el desarrollo del conocimiento como recurso indispensable para el crecimiento profesional. Por eso fundó y dirige la Academia Internacional de Desarrollo Empresarial, organización que educa y adiestra a presentes y futuros empresarios.

Otoniel Font es el pastor principal de las iglesias Fuente de Agua Viva en Puerto Rico y Orlando, Florida. Sus mensajes se difunden a nivel internacional a través de Pura Palabra Media, radio, Internet y televisión.

Es autor de *7 días para crear su éxito empresarial, Cómo recuperar lo perdido,* y *El poder de una mente transformada,* traducido al idioma portugués.

Reside en Puerto Rico junto a su esposa, la Pastora Omayra Font, y tienen cuatro hijas: Joanirie, esposa de Abrahán Ferrer; Janaimar; Jenibelle; y Jillianne.